夜行怪談

内藤 駆

竹書房怪談文庫

※本書に登場する人物名は、様々な事情を考慮してすべて仮名にしてあります。また、作中に登場する体験者の記憶と体験当時の世相を鑑み、極力当時の様相を再現するよう心がけています。現代においては若干耳慣れない言葉・表記が登場する場合がありますが、これらは差別・侮蔑を意図する考えに基づくものではありません。

まえがき

皆さま、こんにちは、内藤駆と申します。

まずは、この『夜行怪談』を手に取っていただいてありがとうございます。

早いもので、前作の『恐怖箱 夜泣怪談』から二年が経ちました。

『夜泣怪談』ではたくさんの方々からお褒めの言葉をいただき、大変嬉しく思いました。

しかし、それに驕《おご》らないよう今回の『夜行怪談』も私なりに一生懸命に取材を行い、それらを書き上げる際の文章にも注意を払いました。

同時に世の中にはまだまだ隠れた怪異、表に出ない（出せない）不可思議な現象などがたくさんあるのだと痛感しました。

それでは、『夜行怪談』をお楽しみください。

著者

目次

一人暮らし

多賀さんは、電化製品の個人向け出張修理サービスをやっている会社に勤めている。

多賀さんがその会社に勤め始めて間もない頃、エアコン修理の依頼が入った。

人々の着ている服が、春から夏物に移り変わる時季だったという。

依頼主の住所は東京の下町、会社からそれほど遠くない場所だった。

車で依頼主の家に向かうと、そこは古ぼけた木造平屋建ての一軒家。

年季の入ったチャイムを鳴らすと、中から「入ってくれ」と男性の声が聞こえた。

多賀さんが建て付けの悪い横開きの扉を苦労して開けると、家の中からムワッとした熱気が彼に襲いかかる。

「こりゃあ、暖房点けっぱなしだな。しかも長時間」

多賀さんが玄関で呆れていると、小柄な老人がすぐ手前にある部屋から現れた。

「来てくれてありがとう、昨晩からエアコンが言うことを聞かなくなってしまって」

老人はシャツ一枚に半ズボンという真夏スタイルで、多賀さんを家に招き入れた。

案内されたのは広い畳敷きの居間、老人は一人暮らしということだった。

室内は片付いており、テレビ、ちゃぶ台、固定電話、そして言うことを聞かなくなったエアコンを除くと余計な物は殆どない。

そしてエアコンは、ゴーッと音を立てながら今も熱風を吐き出している。

多賀さんは、〈古い家だからエアコンも自分が扱うには難しい旧式の物かもしれない〉と思って心配していたが、居間に設置してあったのは意外と新しいタイプの物だった。

多賀さんは蒸し暑い室内で汗を拭いつつ、手早く老人から事情を聞いた。

老人の話によると、昨晩突然エアコンの暖房が起動し、熱風が止まらなくなったらしい。リモコンも本体のスイッチ等もいじってみたが無駄だったから、一晩暑さを我慢した後、たまたま捨て忘れていた広告チラシで多賀さんの会社を知り、電話をしたという。

「そうですか……とにかくこの暑さでは身体に悪い。まずはエアコンを止めましょう」

この爺さん、よく脱水で死ななかったな、と感心しながら多賀さんは持ってきた脚立を上がって、エアコンの電源コードをコンセントから抜こうとした。

「……おかしいだろ、これは」

電源コードはコンセントに刺さっていた。しかし、エアコン本体から伸びるコードは刃物のような物で切断されており、電気は供給されていなかった。

だが、エアコン本体は普通に作動し、鬼のような勢いで熱風を吐き出し続けている。

その後も多賀さんが幾らエアコン周りをチェックしても、他には電気の供給源らしき物が全く見当たらない。

「すみません、リモコンはどこですか？　そちらも見たいのですが」

汗だくになって焦る多賀さんは、暑い室内で平然と立っている老人に訊ねた。

「あそこ」

老人は部屋の隅を指さした。隅には布団が直《じか》に敷いてあり、その横にリモコンが無造作に転がっていた。

「布団？　この部屋に入ったとき、布団なんか敷いてあったか」

多賀さんはこの居間全体に違和感を覚えながらも、この温暖地獄から一刻も早く解放されたいがため、布団の近くに転がるリモコンを素早く拾おうとした。

リモコンを手に取った瞬間、布団の中から子供のような細い腕が出てきて、何かを掴む動作をした後、再び布団に引っ込んだ。

細い手が掴もうとしていたのはリモコンか、或いは多賀さんの腕か？

大きく動揺した多賀さんだったが、とりあえず気を落ち着かせリモコンの表示を見ると、暖房に設定され室温は三十度になっていた。

多賀さんはエアコンにリモコンを向け、電源をオフにした。

幸いエアコンは、ピッという音とともに素直に停止してくれた。

「リモコン、正常に作動しましたね。昨晩は向けた方向が悪かったのかな？　故障じゃないみたいですから出張料だけ頂ければ結構です。また調子が悪くなったら今度は設置した販売店に連絡したほうが……」

多賀さんは布団のほうをチラチラ見ながら、老人に一気にまくし立てた。後でクレームが来てもいい。この家から一秒でも早く出たかったのだ。

「いや、故障じゃなくてよかった。出張料だけでいいのですか？　助かります」

老人は多賀さんの対応に疑問も持たず、玄関で料金を払いながら言った。

「老人の一人暮らしは、いろいろと難儀ですよ」

多賀さんが玄関を出るとき、居間のほうからピッという音とともに勢いよく風が吹き出すような轟音が聞こえてきた。

「一人暮らしねぇ」

多賀さんは建て付けの悪い扉を完全に閉めないまま、逃げるように車で去っていった。

老人のその後は知らないという。

公衆電話

保志さん夫婦の長女、ユミちゃんはもうすぐ二歳になる可愛い女の子。

ユミちゃんは抱っこされているとき、よく誰もいない方向に向かってニコニコ笑いながら、バイバイ～というふうに元気よく手を振る。

「誰にバイバイしているの？」と夫婦はユミちゃんに訊ねるが、彼女はまだ幼く、質問の意味が分からないのか何も答えられない。

そんなとき、旦那さんは「ユミには、俺達には見えない何かが見えるのかもな～」と、よく冗談を言う。

実際に何かが見えているのかどうかは別として、幼い子供がこういった行動をするのは珍しいことではないらしい。

ある休日、夫婦とユミちゃんは、家の近くにある大きな公園に遊びに行った。

ユミちゃんは公園で大いに遊び回り、お昼には広場でお弁当を食べた。

その後、疲れて眠くなったユミちゃんは、母親の胸の中で可愛い寝息を立て始めた。

この状態でユミちゃんをベビーカーに乗せると、必ずと言っていいほど泣き出してしまうので、奥さんは彼女を抱っこしたまま帰ることになる。

そうして公園の出口まで来たときだった。

ユミちゃんが不意に目を覚まし、いつものように誰もいない方向に元気よく手を振る。

その方向は無人だったが、公衆電話があった。

公衆電話は人がボックス内に入るタイプのものではなく、ケース内に電話が設置されているキャビネット式というタイプだった。

「おっ、また始まった。今度は見えない誰かが電話を使っているのかな？」

旦那さんは、奥さんに抱かれたユミちゃんの様子を見ておどけるように言った。

「くだらないこと言っている暇があったら、抱っこを代わってよ」

疲れて機嫌の悪い奥さんは、旦那に食って掛かる。

ジリリリリリンッ!!

突然、ユミちゃんが手を振った公衆電話が鳴った。

「やだ、こんなタイミングで公衆電話が鳴るなんて……。早く帰りましょう」

奥さんは気味悪がっていたが、ユミちゃんは激しく音を鳴らす公衆電話に、いつものようにニコニコしながら元気よく手を振り続ける。

「おもしろいじゃん。滅多にないぜ、公衆電話が鳴るなんて」

旦那さんは奥さんが止めるのも聞かず、公衆電話の受話器を取って、

「もしもし、どちら様ですかぁ？」と話しかけた。


「……やるじゃない」


受話器の向こうから女の低い声が聞こえ、電話は切れた。

その声を聞いたとき、旦那さんは全身にゾクッと寒気が走った。

同時に埋もれていた、ある昔の記憶が蘇った。

「な、何でもない。ただの間違いか悪戯《いたずら》電話だろ」

旦那さんが受話器を戻しながら妻子のほうを見た。

奥さんはユミちゃんを抱きかかえたまま、真っ青な顔をしてその場に座り込んでいた。

「大丈夫か⁉」

旦那さんは、慌てて奥さん達に駆け寄る。

「早く、早くあの電話から離れましょう！」

旦那さんの手を借りて何とか立ち上がった奥さんは、ユミちゃんをベビーカーに乗せると急いで公園を出ていった。

「何があったんだよ？」

慌ててその後を追う旦那さんは奥さんに訊ねた。

「今度から、ユミが何もない所に向かって手を振っても完全に無視しましょう！」

奥さんの話によると、旦那さんが受話器を取った瞬間、電話の本体が大きな女の頭に変わり、旦那さんは女の髪の毛を受話器のように自分の耳に当てていたのだという。

女の顔は奥さんと手を振るユミちゃんのほうを見て、ニヤニヤと笑っていたらしい。

そして旦那さんも女の髪を握って耳に当てながら、時間にしておおよそ五分くらいは、何やらとても楽しそうに会話をしていたというのだ。

「そんなバカなことがあるかよ、夢でも見たんじゃないか？」

奥さんの話を聞いた旦那さんは、呆れた顔で言った。

そして更に自分は、「やるじゃない」という女の声を聞いただけで会話はしていない、五分も話し込んでいたなんてとんでもない、と続けて反論した。

「いいえ、まるで昔の女に再会したみたいに楽しそうだったわよ」

奥さんはそれだけ言うと、後は押し黙ったままベビーカーを押して先に行ってしまった。

「ユミの奴、余計なものを見つけやがって」

旦那さんは頭を振ると、トボトボと奥さんの後に続いた。

「やるじゃない、か。昔の彼女の口癖だったなぁ」

旦那さんはもっと若い頃、昔の彼女に別れ話を告げるために使用したのが、あの公衆電話だったのを思い出した。

風の噂で、その彼女は自殺を図ったと聞いたが真偽は不明だ。

ユミちゃんは今でも何もない所に向かって手を振るが、夫婦は徹底的に無視をしている。

猿の面

介護士歴が十年以上のベテランである金石さんは、東京近郊にある老人ホームに勤めている。

最近、かなり気味の悪い体験をしたらしく、それを私に教えてくれた。

少し前、金石さんの勤めるホームに、黒木さんという男性が入ってきた。

黒木さんは軽度の認知症に加え、脳の病気で身体全体の動きがぎこちない。

昼間は陽気で優しいおじいちゃんで、冗談も言う。

だが、夜になると何故か大声を出してベッド上で激しく暴れるらしい。

まるで何かを恐れるかのように、動かしにくい手足を大きくバタつかせて。

しかし、黒木さんは身長百八十センチを軽く超える巨漢で、柔道の有段者でもあったことから、老いても尚、筋骨逞《たくま》しい体格を持っていた。

だから夜、介助者がオムツ替えなどをするときは大変だったそうだ。

夜勤スタッフに余裕があるときは二人以上で介助するからまだいいが、人が足りないときは一人で暴れる巨漢老人を相手にすることになる。

小柄な女性である金石さんも、他のスタッフに余裕がないときの夜勤には、黒木さんのオムツ替え等に単独で挑むことになるので、大いに苦戦していたらしい。

また認知症とはいえ、昔の男性によくある女性を下に見る傾向が、黒木さんにはあるようだった。だから、黒木さんは介助者が女性だと理解すると、余計に暴れるのだ。

そこで、困ったスタッフ達はあれこれ相談した末、苦肉の策を考えた。

女性が夜間、黒木さんの介助に入るときは猿のお面を被って行うことにした。

最初は男性のお面を被って試したのだが、違和感からか余計に興奮してしまった。

そこで幾つか他のお面も試した結果、猿のお面が一番無難だと分かった。

猿のお面を被った女性介助者を見て、黒木さんは最初、少し混乱しているようだったが、暫くすると男性介助者のときと同様に暴れなくなった。

それでも、一人で黒木さんを介助する夜は金石さんにとって憂鬱《ゆううつ》だった。

「とにかく大きいし、暴れた拍子に手とかが顔に当たることもあるから……」

ある夜勤の日、いつものように金石さんは黒木さんのオムツ替えに入った。

お守りである猿の面を被ると、「黒木さん、失礼します」と個室に入る。

黒木さんはまだ起きていた。彼は自由に動く目で猿顔の金石さんを見つめていた。

金石さんは、やや躊躇《ためら》いながら黒木さんのオムツ替えを始めた。

その日は珍しく、黒木さんは全く抵抗せずに大人しくしていた。

その代わり、猿の仮面をずっと凝視していた。

(今夜は本当に大人しいわ。いつもこうだと助かるのに……)

オムツ替えを終えた金石さんが立ち去ろうとしたとき、突然黒木さんが大声で叫んだ。

「○○子《こ》～!」

金石さんが後ろを振り向くと、ベッドの上で黒木さんが目をキョロキョロと激しく動かし、大きな身体を震わせている。

「黒木さん、どうしたの?」

金石さんが黒木さんに駆け寄ると、彼はまたくぐもった声で叫ぶ。

「○○子～!」
○○の部分はよく聞き取れないが、最後の〈子〉を聞く限り、黒木さんは女性の下の名前を呼んでいるようだった。
金石さんは邪魔な猿の面を取ると、念のため黒木さんの血圧などを図った。

しかし、血圧などにそれほど異常は見られず、黒木さん自身の動きも収まった。

「よかったわ」

金石さんは安心すると、床に落としてしまった猿の面を掴んだ。

「えっ⁉」

お面が先ほどまでと比べて明らかに重い。

それだけではない。掴んだお面はプラスチックの乾いた軽い感触ではなく、何かゴムのような柔らかくて弾力性を持つ素材でできているようだった。

金石さんは慌ててお面を確認した。

ほんの一瞬、猿の面が人間の顔に見えた。

金石さんは驚いてもう一度お面を凝視したが、いつもの猿の面だった。

「夜勤、今度から少し減らしてもらわないと……」

金石さんは疲れ果てた様子で、額の汗を拭いながら退室した。


暫く経って、また金石さんが単独で黒木さんの世話をする夜勤の日になった。

夜間、オムツ替えの時間になり、金石さんはいつものように猿の面を被る。

そして部屋に入ると、ベッド上にいる黒木さんと目が合う。

すると黒木さんはいきなり興奮して身体を激しくバタつかせ、動き回る。

「ふみ子〜！」

今度ははっきりと、人名を叫んだのが聞こえた。

「黒木さん、奥さんがどうしたの。会いたいの？」

ふみ子とは黒木さんの妻の名前だった。

話では二人はオシドリ夫婦だったと聞いていたが、ふみ子さんは入居初日に来たきりで、それ以降は一回も面会に来ていない。

洗面台には、仲良く並ぶ夫婦の数年前の写真が飾られていた。

「黒木さんは、毎晩寂しくて暴れていたのかしら」

そういえば、金石さんは今まで黒木さんから奥さんの話を直接聞いたことがなかった。

しかし今は、とにかく黒木さんを落ち着かせなければならない。

ベッドに近付くと、黒木さんはカッと大きく目を見開き、その体格には似合わない、まるで怯えたようなか細い声で呻いた。

同時に黒木さんは手を大きく横に払い、それが金石さんの顔に当たって猿の面が外れた。

そして床に落ちた面を見て、今度は金石さんが大声を上げた。

面は猿ではなく、女の顔になっていた。

気の強そうな老婆の顔、頭部には長い白髪まで生えている。

それはお面というより、人の顔部分だけを削いで床に張り付けたようだった。

黒木さんは相変わらずベッド上で怯えていたが、金石さんはそれどころではなかった。

床に張り付いた老婆の顔がニヤニヤと笑いながらこちらを見ているのだ。

老婆の顔は、洗面台の写真のふみ子さんだった。

しかし、写真のふみ子さんは優しく穏やかな笑顔をしているが、床に張り付いている彼女の笑みは明らかに人を嘲笑するような嫌らしさが滲み出ていたという。

恐ろしくなった金石さんは、部屋から逃げ出そうとした。

「ふみ子、ゆるせぇ!!」

黒木さんははっきりとそう叫び、ベッド上で暴れるのを止めた。

「あははっ」

床に張り付いたふみ子さんの顔は、嬉しそうにそう笑うと元の猿の面に戻った。

金石さんはその場に座り込んでしまい、他のスタッフが駆け付けるまでずっと放心状態だった。


その夜以降、黒木さんはすっかり大人しくなり、夜に暴れることはなくなった。

それどころか、短期間でどんどん身体が細くなっていき、以前は辛うじて行えた簡単な日常作業も全くできなくなってしまい、点滴で命を繋ぐほどに衰弱した。

スタッフ達とも会話はするが、以前の明るさは消え、押し黙ることが多くなった。

だが内臓などに異常は殆どなく、長い寝たきり生活になりそうだと医者に言われた。まだ認知機能が残っているだけに、黒木さん本人にはかなり辛い状態だった。

「もう、黒木さんのときに猿のお面を被らなくて済むのはいいけど、あの洗面台に置かれた夫婦の写真は見たくないわね。床に張り付いたふみ子さんの顔、思い出してしまうから……。それにホームに来たふみ子さん本人に会ってしまうのも怖い」

金石さんは顔をしかめながら言った。

ちなみに金石さんは、ケアマネージャーからこんな話を聞いた。

黒木さんの入居初日、奥さんのふみ子さんがホームを訪れたとき、ケアマネージャーやホームの看護師達にこう言ったという。

「本人がどんな状態でも、できる限り延命してください」

そのとき、ふみ子さんの顔には悪意に満ちた笑みが浮かんでいたらしい。

猫おばさん

数年前、伊田さんが都内のマンションで、一人暮らしを始めたときの話。

当時、転職したばかりだった伊田さんは、新しい職場の仕事を覚えるのに必死で、遅くに会社から帰ってきたら飯と風呂を済ませてすぐ寝る、という日々を過ごしていた。

それでも数カ月も経つと仕事を覚え、生活リズムにも余裕が出てきた。

ある日、珍しく定時に帰れた伊田さんはコンビニ弁当ではなく、自炊をして自分の好きな物を作り、ゆったりとした夕食を楽しんだ。

「明日は休みだから今夜は、しこたま飲むぞ～」

冷蔵庫からビールを取り出し、夕食の残りをつまみに飲もうとしたときだった。

蒸し暑くて開けていた窓から、自転車の大きなブレーキ音がした。

伊田さんは、二階にある自分の部屋の窓から何となく外を覗いてみた。

すると向かいマンションの一階の前に、一人の中年女性と彼女が乗ってきたらしい自転車が停めてあった。

マンションの一階は商業向けのテナントになっており、中年女性が降りた場所は小さな洋品店が入っていた。

洋品店の前はこぢんまりとした花壇で囲まれており、そこには何匹もの猫が群がっている。

中年女性は自転車のカゴからタッパと皿を取り出すと、猫達に何かを与え始めた。

猫達は明らかに野良で、女性が皿に載せた物に群がってそれを食べ始める。

「ありゃ〜、今どき珍しいな。猫おばさんだなんて」

猫おばさん、別におじさんでもお姉さんでもいいのだが、要は自分の敷地ではない場所で野良猫達に無責任に餌を与える人々のことだ。

伊田さんもかなりの猫好きだし、猫おばさん達の気持ちも分からないではない。

だが、やはり餌だけやって後の面倒は見ないというのはよくない、というのが伊田さん自身の考え方だった。

伊田さんは猫好きだからこそ見過ごせないと思い、まずは中年女性の話も聞こうとビールはお預けにして階下に降りていった。

ところが部屋から出て向かいのマンションに行くと、中年女性も自転車も群がっていた猫達もいなくなっていた。

自分の部屋から降りて、ここに来るまでせいぜい二、三分。

花壇の辺りには、皿も食べこぼしも落ちていない。

「まだ飲んでないのに……オレ疲れているのかな」

狐につままれたとはこのことか、と伊田さんは首をかしげながら自分の部屋に戻った。


数日後、その日も早く帰宅した伊田さんは自炊をして夕食を摂っていた。

すると窓の外から、自転車のブレーキ音が響く。

外を覗くと、再びあの猫おばさんらしき中年女性がやってきて、野良猫達に持ってきた餌をやっている。

「しょうがないな〜」

伊田さんは今度こそ話をしてやろうと、夕食の途中にも拘わらず下に降りた。

今回は中年女性も自転車も、そして餌に群がる猫達も花壇周辺にちゃんといた。

猫おばさんらしき中年女性は伊田さんに背を向け、自分で持ってきた餌をせっせと皿に分けて猫達に与えている。

餌に群がる野良猫達は、ざっと見ただけで十四以上いる。

「ちょっとすみません、この猫達はあなたが飼っているのですか？」

伊田さんが猫おばさんに話しかけたが、彼女は背を向けたまま何も答えない。

その態度にムッときた伊田さんは、更に強い口調で続けた。

「餌だけ与えて後は、ほったらかしはよくないと思うのですが。これだけの数の野良猫が集まると近所迷惑にもなるでしょうしね……猫おばさん！」

それに反応したのか、背を向けたまま餌やりをしていた猫おばさんの動きが止まった。

「猫おばさんと呼ばれているのですね、私」

突然、後ろから何者かに話しかけられた伊田さんは慌てて振り向いた。

そこには自転車に跨《また》がったままの猫おばさんがいた。

服装などから、先ほどまで猫達に餌をやっていた猫おばさんと同一人物に間違いない。

「えっ、あれ？」

伊田さんが驚いて再び花壇のほうを振り向くと、さっきまでは確かにいた猫おばさんも野良猫達も消えていた。

「野良猫達、ここら辺には近寄らないのですよ」

猫おばさんは薄ら笑いを浮かべながら、自転車のカゴを指さした。

カゴの中には、ぐじゃぐじゃになって混ざりあった何匹もの猫達が、血を垂らしながら押し込まれていた。

その光景に度肝を抜かれた伊田さんは、その場で尻餅をついた。

猫おばさんは、そんな伊田さんの様子を見ると、満足そうに笑いながら自転車を走らせて去っていった。

カゴに猫達のミンチを乗せたまま。

あの夜以来、猫おばさんは現れていない。

そして今のマンションに住んで数年経つが、伊田さんはその周辺で野良猫を見かけたことが一度もないという。

「今でも夜に自転車のブレーキ音が聞こえると、ドキッとしますね」

伊田さんの住んでいるマンションはペットＯＫだが、猫おばさんの存在が恐ろしくて未だに大好きな猫を飼うことができないらしい。

添い寝

主婦の啓子さん、彼女の子供がまだ赤ん坊だった頃に体験した出来事。

ある日、啓子さんは子供を旦那さんに預け、車で買い物に出かけた。

大型スーパーで買い物を終えた後、車に戻ろうとしたときだった。

車道を挟んで向こう側に、何か木材のような物を家の前に出そうとしている女性の姿が目に入った。

「あれ、ネットで見たベビーベッドじゃない？」

解体されてはいたものの、女性が外に置こうとしている物は、啓子さんがネットで見て、欲しいと思っていたベビーベッドだった。

啓子さんは車が来ないのを確認すると、車道を走って横切り女性に声を掛けた。

「いきなりすみません、もしかしたらそれ、捨ててしまうのですか？」

見知らぬ他人から話しかけられて、女性は少し驚いた様子だったが、そうだと答えた。

「これから更に細かく解体して、袋に詰めて燃えるゴミで出そうかと」

それを聞いた啓子さんは、心の中でラッキー！　と叫んだ。

そして捨てるのだったら、自分も赤ん坊がいるので譲ってもらえないかと交渉した。

解体されたベッドのパーツを見ると、殆ど使われていないのかとても綺麗で、目立った傷や破損箇所が見当たらず状態もよさそうだった。

女性は、それは構わないが実はこのベビーベッドは拾い物だと言った。

そして自分も幼い子がいるが、このベッドに寝かせようとすると絶対に拒否反応のようなものを起こし、泣きながら出ようとするので仕方なく手放すことにしたのだという。

「このベッド、目に見えない何かがいるみたいです。それでもいいなら……」

啓子さんはそういう話は信じない人だったので、解体されたベビーベッドを喜んで引き取ると、車に載せて自宅アパートに持って帰った。

そして玄関でよく消毒した後、旦那さんにベッドを見せた。

「よくこんないいものを貰えたなぁ。結構な値段する奴だぞ」

旦那さんは、啓子さんの持って帰ってきたベビーベッドを組み立てながら、自分の妻の図々しさに感心していた。

「何でも言ってみるものよ。世の中にはお宝がけっこう転がっているのだから」

啓子さんは、息子さんを抱きながら得意げに言った。

ベッドを組み立てた後、今まで床に敷いていた赤ちゃん用の敷布団を載せると、ちょうどぴったりだった。

試しに息子さんをベッドに寝かせてみたが、譲ってくれた女性のお子さんに起きたらしい拒否反応は見られず、むしろ嬉しそうに手足をバタつかせている。

「よかった、気に入ってくれて」

啓子さんは、息子さんの笑顔を見ながら微笑んだ。


貰ったベビーベッドを使用し始めて、一週間が過ぎた。

このベッドに寝かせておくと、息子さんはオムツ替えとおっぱいのとき以外は、殆ど泣かずに大人しくしているので、全くと言っていいほど手が掛からなかった。

「この子、本当にこのベッドと相性がいいみたい。ラッキーな貰い物をしたわ」

ある日の午後、啓子さんは買い物に出かけるために、ベッドに寝かせてある息子さんを起こして連れていこうとした。

ベッド内にはスヤスヤと眠る我が子と、その頭の上でやはり眠る大きな白猫がいた。

「何よ、この猫!?　どこから入ったの」

啓子さんは猫が嫌いではなかったが、不法侵入した上にベビーベッドで息子と一緒に寝ているのはさすがに見逃せない。

「図々しい子、ちょっとどいてよ」

啓子さんが白猫に触れようとすると、彼女の手は猫の胴体をスッと突き抜け、ベッドの敷布団を触っていた。

驚いた啓子さんはその後何度も白猫を掴もうとするが、その手は空を切る。

目の前にははっきりと太めの白猫が、背を見せて寝ているというのに。

「何よこの子⁉　触れないじゃない……」

焦りとイラつきを隠せない啓子さんを馬鹿にするように、白猫は我が子の頭上で寝返りを打って、今度は白い腹を見せた。

「えっ、可愛い！」

ケイコさんは、その姿を見て思わず叫んでしまった。

白猫の腹に、小さな顔が付いていたからだ。

ピンク色のつやつや肌と長いまつ毛を持つ、小さな赤ん坊の顔。

赤ん坊はグッスリと眠っているらしく目を瞑《つぶ》っており、呼吸をするたびに小さな鼻がピクッと動いて愛らしい。

啓子さんは非常に不可思議な状況なのを忘れて、白猫の腹に付いた可愛い赤ん坊の顔に見入ってしまった。

「この白猫と赤ちゃんの顔は、どういう関係なの？」

啓子さんは、恐る恐る指先で赤ん坊の鼻先を触る。

そして、今度は触れることができた。

その瞬間、啓子さんの頭の中に、幾つかの映像が連続で浮かび上がる。

白猫と五体の揃ったこの赤ん坊が、ベビーベッドで平穏に添い寝している映像。

次は何故か白猫だけがベッドの上にいて、姿の見えない赤ん坊を探すように鳴きながらいつまでもウロウロする映像。

最後は夫婦らしき若い男女が悲しそうな顔で、山林に白猫とベッドを捨て去る映像。

号泣する女性のほうはなかなか猫とベッドから離れることができなかったが、やはり泣いている夫らしき男性が、妻の肩と腕を優しく支えながら車に乗せる。

そこで映像は、プッツリと消えた。

「あ……ああっ」

映像が頭を駆け巡った後、啓子さんの目から涙が溢れ出て止まらなかった。

詳細は不明だが、白猫も赤ん坊ももはやこの世にはいないと悟った。

そしてこのベビーベッドも、自分の上で健やかに寝かせる子達を失った。

しかし、今はまた一緒にいるのだ。

啓子さんは、白猫、赤ん坊、このベビーベッドが三つで一つであることを理解した。

譲ってくれた女性が「このベビーベッドには何かが憑いている」と言ったのは、このことなのかもしれない。

赤ん坊の顔を腹に持つ白猫と、それらを寝かせるベッド、そこでケイコさんの息子さんがやはりスヤスヤと穏やかな顔で眠っている。

きっと啓子さんの息子さんは、白猫達の聖域の住人として認めてもらえたのだろう。

譲ってくれた女性のお子さんは猫嫌いか、この聖域と相性が悪かったのかもしれない。

白猫をベッドから追い出すなんてとんでもない。

啓子さんの息子さんが、新参者として寝かせてもらっているのだ。

そして息子さんの穏やかな寝顔を見れば、白猫達が自分達に害を及ぼす存在でないと確信できた。

「うちの子も仲間に入れてね」

ついさっきまでは白猫達の存在に驚き、混乱と恐怖の感情を持っていた啓子さんだったが、今はそんな気持ちは微塵もない。

そして「このベッド、うちの子のために改めてお借りします」と最後の映像に出てきた若い夫婦にも心の中で頭を下げた。

それから啓子さんの息子さんと、白猫とそのお腹の赤ん坊の共同生活が始まった。

と言っても、白猫は息子さんがベッド上で寝ているときにしか現れない。

そして白猫も赤ん坊の顔も、決して目を覚まさない。

猫達は啓子さんの息子さんが起きると、邪魔にならないように気を利かせているのか、かき消すようにベッドからスッといなくなるのだ。

白猫達は啓子さんだけに見えるらしい。

一度、旦那さんにベッド上で仲良く寝ている白猫達を見せたが、彼には一人で寝ている我が子しか見えなかった。

旦那さんはそんなことを言う自分の妻が、育児ノイローゼにでもなったのかと心配したが、啓子さんはちょっとした冗談だと言ってごまかした。

また、啓子さんは白猫のほうはともかく、一度でいいからそのお腹にいる赤ちゃんの顔が、起きているところを見てみたいと思っていた。

そこで何度もピンク色の可愛いほっぺや小さな鼻をツンツンしたが、たまにピクッと顔全体が動くだけで、まつ毛の長い目を開けることはなかった。

ちなみに啓子さんは白猫と赤ん坊の顔を写真に写すことも試してみたが、撮影後の写真にはベビーベッド上に一人で寝る我が子しか写っていなかった。

啓子さんの息子さんが成長していくのと反比例して、白猫がベビーベッドに現れる頻度は減っていった。

そして息子さんが幼稚園を卒業する頃には、全く現れなくなってしまった。

そのせいで啓子さんはとても寂しい思いをしていたが、ある日、小学生になった息子さんが不意に言った。

「あの大きな白猫ちゃんと、お腹のフミカちゃんはどこに行ったの？」

それを聞いて啓子さんはまた両目から涙が溢れ、そのまま息子を抱きしめた。

「知っていたんだね、白猫を。あの赤ちゃん、フミカちゃんて言うんだ？」

息子さんは母親の突然のハグに驚きながらも「うん、フミカちゃんは女の子。あの小さなベッドでよく遊んでいたよ。最近は会えないけど……」と答えた。

「そうなの、また会えるといいわね。白猫とフミカちゃんに」

啓子さんは涙を拭きながら息子さんを抱き直した。

現在、啓子さんの息子さんはベビーベッドを卒業した。

だが、ベビーベッドはまだ、しまっていない。
啓子さんのお腹に宿った、新しい命のために使う予定だから。
お腹の赤ちゃんは女の子だという。

エメラルド地蔵

友里恵さんの家の近くには、彼女の祖父が趣味でやっている畑があった。

畑の真ん中には大きな地蔵が建っており、祖父が言うにはこの場所に畑を作る前からあったので、そのままにしておいたそうだ。

由来も誰が建てたのかも不明だが、祖父は畑仕事をする前には必ず手を合わせていた。

そして幼い頃の友里恵さんも、祖父と一緒によく手を合わせていた。

しかし、友里恵さんが社会人になった頃、祖父が亡くなり畑は放置されたままになった。

雑草は伸び放題になり、地蔵に手を合わせる者もいなくなった。


ある夜、友里恵さんが仕事から帰ってきた。

ふと、祖父の畑のほうを見ると地蔵が薄緑色に、ぼうっと光っている。

何らかの自然現象か、或いは誰かが悪戯で塗料みたいなものを塗ったのか?

荒れ果てた暗い畑の中でぼんやりと光る地蔵は、怖いというよりは少し寂しいものを感じさせたという。

友里恵さんは何故か地蔵の光る原因が知りたくて堪らず、家に帰ると軍手と懐中電灯を手に再び外出して、わざわざ暗い中を祖父の畑に向かった。

地蔵はまだ畑の真ん中で光っている。

友里恵さんは高く伸びた雑草をかき分け、地蔵の元までたどり着いた。

「凄く綺麗、まるで宝石」

友里恵さんは、地蔵を間近で見ると感嘆の声を上げた。

地蔵の表面には薄緑色の光の粒がたくさんくっついており、そのせいで地蔵自体が光っているように見えたのだ。

友里恵さんは最初、光の粒の正体を蛍などの自ら発光する虫だと推測した。

だが、懐中電灯で照らしながらよく観察すると、それらは虫などではなく、本当に宝石のように綺麗な光の粒であった。

「これは何という現象なのかな……？」

友里恵さんは、光る地蔵と光の粒をスマートフォンで撮影しようとした。

すると地蔵に張り付いていた光の粒達が、一瞬大きく震えたかと思うと、その後は一つまた一つと空中に浮かび上がり、ゆっくりと夜空の中を上へ上へと昇っていく。

まるでたくさんのエメラルドが、夜空を舞っているようだった。

その光景に感動した友里恵さんは、懐中電灯とスマホを持ったまま立ち尽くす。
その後、目を瞑りゆっくりと地蔵に手を合わせた。
幼かった頃、祖父と一緒にやったように。
目を開けると薄緑色の粒達は一つ残らず姿を消し、地蔵は元の姿に戻っていた。
「おじいちゃん、だったのかな？」
友里恵さんは、暗い畑の中で呟いた。

次の日、畑の真ん中で地蔵は粉々に砕けていた。
まるで何か役目を終えたかのように。

木刀の家

ある日の放課後、高校生の和樹君は家に帰ってきた。

週末のこの時間、共働きの両親も社会人の姉もまだ仕事から帰っておらず、祖父も近所の古い仲間と飲んでくるので帰りは遅い。

「今日も皆は遅いのかな」

和樹君が玄関の鍵を開けようとすると、何故か鍵が掛かっていなかった。

和樹君の家族は皆、几帳面なので、鍵の掛け忘れなどは珍しい。

「鍵を閉め忘れるなんて不用心だなぁ。それとも誰かいるのか」

和樹君は玄関に入ると、家の中に向かって「誰か帰っているの？」と大声で聞いた。

返事はなかったが、代わりに家の奥からサーッと冷たい風のようなものが吹いてきて、和樹君の身体を突き抜けていった。

「何だよ、今の？」

同時に家中に何やら重い空気が広がっていき、和樹君以外の誰かが存在する気配が濃厚になっていった。

和樹君は怖さを吹き飛ばすようにもう一度「誰かいるか？」と大声で叫んだが、やはり返事はない。

「まさか空き巣か？　二階にいるのかもしれない」

和樹君は、ちょうど廊下に落ちていた古そうな木刀を拾うと、二階に向かう。

このとき、何故か彼には警察や近所の人に知らせるという考えが思い浮かばなかった。

二階に上がると、和樹君は真っ先に大部屋から誰かがいる気配を感じた。

大部屋はかつて、幼い和樹君とその姉が遊び部屋として使っていたが、現在は父母の寝室となっている。

一瞬躊躇ったものの、和樹君は右手に持った木刀を強く握りしめると、大部屋のドアを開け、同時に中に向かって「誰だ!?」と大声で怒鳴った。

そして、大部屋の真ん中に立っていたものを見て、驚愕した。

部屋の真ん中には、青い着流し姿の男が立っていた。

男は和樹君のことを見ているようだったが、その顔は小型の黒い砂嵐のようなもので絶えず覆われており、表情や細部の顔パーツをよく確認することができない。

ただ、鋭く光る両目は確実に和樹君のことを捉えており、その猛り立つ目つきからは殺意すら感じたという。

それだけでも恐ろしい存在だが、着流し男は右手に木刀らしき物を握っている。

木刀らしき、というのは、それが標準的な木刀に比べ倍の長さ、倍の太さだったからだ。

更に色は濃い赤茶色で、照明の点いていない大部屋でもテカテカと輝いている。

「あれで叩かれたら、マンガみたいにペシャンコだ……。何でオレ、一人でここに来てしまったのだろう？」

涙目になった和樹君が固まったまま後悔していると、顔を黒い砂嵐で覆った着流し男は突然、片手でそのデカい木刀を振り上げた。

「ふんっ!!」

男は和樹君に向かって、渾身《こんしん》の力で木刀を振り下ろしたかのように見えた。

和樹君は堪らず、両手で頭を庇いながらその場で丸まった。

大部屋が地震のように激しく揺れたかに思えた。

和樹君が目を開けると、着流し男はいつの間にか大部屋から消えていた。

だが、何故か赤茶の大きな木刀だけが床に落ちていた。

今さっき、目の前で起きたことが信じられず、和樹君は声を出すこともできないまま、じっとその木刀を見つめていた。

「木刀と言えば俺が廊下で拾ったこれ、誰のだ？」

我に返った和樹君は、自分が握りしめていた古い木刀を改めて見回した。

随分と使い古されているのか、あちこちに細かい傷が付いている。

和樹君の一家は剣道などの武術とは無縁で、今まで木刀など買ったことがない。

さっきは何も考えずに拾った木刀だが、何故これが家にあるのかも謎だった。


「これはまた、鬼もたまげるくらい、ゴツイ木刀だな～」

飲みから帰ってきた祖父が、大部屋に残されたデカい木刀を見てはしゃぐ。

和樹君は家族が帰ってくると、二本の木刀の残された大部屋で自分の体験した奇妙な出来事をそのまま話した。

「父さん、笑い事じゃないよ。家に勝手に侵入してこんなものを置いていくなんて」

帰宅した和樹君の父親が眉間に皺《しわ》を寄せて、祖父をたしなめる。

「でもまあ、和樹に怪我がなくてよかったわ。それにしても木刀を二本も置いていくなんておかしな空き巣ね」

母親は和樹君の身体を気遣いながら、彼が大部屋で遭遇した着流し男を完全に空き巣だと決めつけていた。

「着流しに木刀なんて、持つのを日本刀に変えたらまんま昭和の任侠映画だな～」

祖父は酔いが回っているらしく、ふざけた発言を止めない。

「何も盗られていないとはいえ、異常者が侵入して息子の命が危なかったんだ。やはり警察に届けるべきだろう」

そう言って、父親は携帯電話を取り出した。

「いや、あれは絶対に空き巣ではないよなぁ。人間でもないかも……」

和樹君は、砂嵐に覆われた着流し男の顔を思い出しながら、小さく呟いた。

「ただいま……みんな集まって何をやっているの？」

一番遅くに帰ってきた和樹君の姉、ユキさんが部屋を覗き込むように顔を出す。

ユキさんの手には、何か長い物を包んだビニール袋がある。

母親はユキさんの持つビニール袋を気にしながら、和樹君が奇妙な空き巣に遭遇したことを手短に説明した。

「空き巣って本当!?　それに木刀って、何だろうこの偶然……」

ユキさんは顔を引きつらせながら大部屋に入ってくると、ビニール袋の中身を出した。

「うひゃあ、また木刀か。今日は何て日だ！」

ユキさんが袋から出したのは真新しい木刀で、それを見た祖父がまた騒ぐ。

「父さん、少し黙っていてくれ。ユキ、この木刀はどうしたんだ？」

父親がユキさんに訊ねると、彼女は会社で先輩から旅行土産に貰ったという。

「京都に旅行に行っていた先輩がニコニコしながら、私にって、くれたのよ。他の同僚達は皆、お菓子とか可愛い置物なのに私だけ木刀よ！　最初は何かの悪い冗談だと思っていたけど、先輩は真面目なの。他の同僚達も引いていたわ」

ユキさんは憤りを隠せず、家族にぶちまけるように言った。

「何を考えているのでしょうね、その先輩。それにしても木刀が一日に三本も。おかしな偶然もあるもの……!?」

母親がそう言い終える前に、皆が声を上げて驚いた。

先ほどまで大部屋の床に置いてあった、和樹君が持っていた古い木刀と、着流し男の置いていった大型の木刀がいつの間にか消えていた。

「そんなバカな。さっきまで目の前にあったはず、誰も触れていないよな？」

父親は混乱した様子だったが、それは皆も同じ。

全員があれこれと意見や仮説を述べたが、二本の木刀が消えたことには間違いない。

「……警察に言うのは少し様子を見るか」

父親はそう言って皆を静かにさせた。

木刀が消えたため、証拠は和樹君の着流し男の話しかない。

実際に物を取られたり壊されたりした訳でもなく、和樹君もかすり傷一つ負ってもいないので、警察を呼ぶのは難しいだろう。

「私の木刀はどうすればいいのよ？」

ユキさんは困ったように、土産の木刀を皆の前に突き出した。

「悪い虫が寄ってきたら、そいつでブン殴ってやれ」

祖父は相変わらず酔ったままだった。

そして木刀の話はこれで終わらない。むしろここからが本番だった。


着流し男が現れて以降、どういう訳か和樹君の家に勝手に木刀が集まるようになった。

木刀は玄関の前に捨てられたように置かれているときもあれば、庭の地面に突き刺さっているときもあった。

これならまだ、目的は不明ではあるものの、家族以外の誰かが悪戯や嫌がらせでやっている可能性もないこともない。

だが、鍵の掛かった或いは家族がいる屋内で、傘立てにいつの間にか突き刺さっている、水を張った風呂桶に浮いている、仏壇の前に立てかけてある、洗濯機の中に突っ込んである、枕元に大小二本が揃えて置いてあるなどに至っては、もう説明が付かない。

こんな調子で和樹君の家には、どんどん木刀が増えていく。

一番厄介かつ気味が悪いのは、姉のユキさんのケースのように、他人から木刀を頻繁に貰うようになったことだった。

特に理由もなく、和樹君の家族が頼んだ訳でもないのに、友人や知り合いが皆、木刀をお土産やプレゼントでくれるのだ。

更に木刀をくれる人々は、あくまでも好意的かつ真面目なので断りにくい。

集まった木刀をまとめて燃えるゴミに出しても、次の日には捨てたはずのそれらが、いつの間にか家の中に戻ってきて置かれている。

こうして半年で五十本以上の新旧様々な木刀が、和樹君の家に集まった。

和樹君の家族は、最初のうちは躍起《やっき》になって捨てていたが、すぐ戻ってくる上に新しい木刀がどんどん集まってきて切りがないので、そのうち物置に積んでおくようになった。

「いい加減、何とかしなくては」

父親は物置に積まれたたくさんの木刀を見て、少し疲れた様子で言う。

「絶対に呪われているよ、この家。お祓いとかすれば？」

あれから他人から何本も木刀を貰ったユキさんも、大分苛立っていた。

「僕もお祓いには賛成だ。木刀が増えるのも気味が悪くて嫌だけど、もっと嫌なのはあの着流し男がまた現れることだよ……」

少し青ざめた顔の和樹君も、姉の意見に賛成した。

「どこか、お寺とか神社でお焚き上げをしていただければいいのだけど」

母親は、崩れた木刀の山を積み直しながら言う。

「そういえば、父さんはまだ寝ているのか？　相変わらずマイペースだな」

父親は、祖父を起こすために彼の部屋まで行った。

そして布団で寝ている祖父の様子を見て「おおっ!!」と大声を上げた。

それを聞いた他の家族も集まってきて、横たわる祖父の姿を見るなり全員が同じように驚きの声を上げる。

祖父は掛布団なしで、敷布団の上に横向きに寝ていた。

そして、彼が抱き枕のようにして抱いている物があった。

着流し男が持っていた、あの大きな赤茶色の木刀だった。

「父さん、起きろよ。何て物を抱いて寝ているんだ！」

父親は突然再来した木刀の存在に、少し怯えながら祖父の肩を揺らす。

「何だ、昨日も飲み過ぎたからまだ寝かせて……!?」

祖父は起きて自分の抱いている物の正体に気付くと、一気に目が覚めたようだ。

「ややっ、これは驚いた。まさかワシの胸に戻ってくるとは！」

　祖父は怖がるよりも、むしろデカい木刀が戻ってきたことを喜んでいるようだった。

「父さん、この家とか俺らの家系で木刀にまつわる因縁話みたいなものはないのかな？　できたらそんなものは信じたくないが、こう木刀だらけになっては……」

　父親が祖父に訊ねると「そうだな、この家が建つ前、ここは剣道場だった。お前が生まれる前の話だが」と、いきなり正解っぽいことを話し始めた。

　祖父が結婚したばかりの頃、以前この土地に建っていた剣道場は閉鎖した。

だが、閉鎖したのは特におかしな理由だとか、変な事件等が原因ではなく、単純に道場主が高齢で引退し、建物と土地を手放しただけだったという。

　もちろん、不気味な着流し男もデカい木刀も出てこない。

　その後、若い祖父が土地を購入、建物を壊して家を建てた。

「まあ、実際に道場内で何が起こっていたかまでは知らないがな。仮にその剣道場が関係しているとしても、何故今頃になって木刀ばかりが集まってくるのか？　和樹の見たという着流しの男、何か言いたいことがあればはっきり言えばよかろうに」

　祖父はそこまで言って、布団から立ち上がろうとした。

　するとデカい木刀は、またいつの間にか消えていた。

「正に神出鬼没……。父さんの言う通り、一体何が目的なのか」

父親はそう言って、暫く考え込んだ。


結局その後、五十本以上の木刀達は懇意にしている近所の神社で、お焚き上げしてもらうことになった。

神主も和樹君達の体験した話を聞いて最初は半信半疑だったが、車で運ばれてきた大量の木刀を見て、少なくとも全てを否定することはできなくなった。

お焚き上げには家族全員で参加し、お祓いもしてもらった。

それが効いたのかどうかは分からないが、その後は和樹君の家に木刀が勝手に置かれることはなく、プレゼントをしてくれる人もいなくなった。

ただ、あの赤茶のデカい木刀だけは時々、家のあらゆる所に突然現れ、暫くすると勝手に消えるという。

「デカい木刀だけならいいんです、何もしないで消えるから。でも、またあの着流し男が現れるんじゃないかと思うと、それが一番の不安です」

唯一着流し男を直視した和樹君は、最後にそう言って話を終えた。

マネキンヘッド

まだ自動販売機で、大瓶のジュースが売られていた時代の話。

ある夜、陽一さんが自宅に帰るため、住宅街の狭い道を歩いていた。

十メートルほど離れた路地の右側に、大きな自動販売機が置かれていた。

自販機が発する光は、暗い路地を明るく照らしてくれている。

そして陽一さんが自販機の前に近付くと、明かりに照らされた自販機前の道端に何かが置かれていた。

「生首!?」

そう思って、陽一さんは歩みを止めて身構えた。

一瞬、自販機の前に人間の生首が置かれているように見えたのだ。

だが、それはよく見るとマネキンの頭だった。

洋服を着飾らせるマネキンの頭ではなく、理容師や美容師がカットの練習をするために作られた、首から上だけのマネキンヘッドと呼ばれる物だった。

髪形をショートカットにしたそのマネキンヘッドは、無言で自販機のほうを向き、陽一さんには無機質な横顔を見せている。

「なかなかの美人さんだけど、悪戯にしては悪趣味だな」

陽一さんは驚かされた腹いせに、マネキンヘッドを軽く蹴ろうとした。

するとマネキンヘッドは、くるっと陽一さんのほうを振り向いた。

更には動かないはずの目が彼を見上げる。

マネキンの突然の行動に震えあがった陽一さんは、蹴る足を止めた。

そして陽一さんは情けない声を上げて、夜の道を自宅まで走って逃げた。


後日、陽一さんは馴染みの床屋に行った。

そして店内に入った途端、ドキッとして再び身構えた。

店の奥にあるキャビネットの上に、先日の夜、彼を驚かしたショートカットのマネキンヘッドが横向きに置かれていたのだ。

「間違いない、自販機の前にいたアイツだ。でも何でここに？」

陽一さんは店主に、それとなくマネキンヘッドについて訊ねた。

「何年もここに通っているけど、あのマネキンの首、初めて見るね」

「ああ、数日前から見習いが一人、入りましてね。あれは普段は奥にしまってあるのですが、今は練習用に外に出しています。気になりますか？」

　店主は陽一さんのために席を用意しながら、笑顔で答える。

「いえ、何でもないです」

　陽一さんはそう言って席に座ると、いつも通りに髪をカットしてもらうことにした。

　髪を切ってもらっている間、奥から視線を感じる。

　陽一さんがチラリと奥を見ると、先ほどまで横を向いていたマネキンヘッドはこちらを向いて、また無機質な表情で彼のほうを見つめている。

　髭《ひげ》を剃ってもらっているとき、今まで無口だった店主が喋り始めた。

「あのショートカットのマネキン、康子といいます。生前の妻の名です」

「えっ、康子さん？　生前？　奥様はお亡くなりになったのですか……」

　突然の店主の告白に陽一さんは、会話に詰まってしまった。

「もう十数年前になりますが、妻はある晩、近所の狭い路地で自販機で飲み物を買おうとしたところを、後ろから何者かに刺されて死にました。犯人は未だに捕まっていません」

　十数年前なら陽一さんは、まだこの街に住んでいなかった。

　だから近所にあるあの自販機の前で、そんな凶悪事件が起きたことは知らなかった。

　辛く悲しい話をしているのにも拘わらず、店主の持つ剃刀は陽一さんの濃い髭を鮮やかに剃り落としていく。

「それからというもの、あのマネキンヘッドに康子と名付け、髪型も生前の妻と同じショートカットにしました。妻は、今でも私を手伝ってくれるのです。普段は私のベッドの横で待機しておりますが」

髭剃りが終わり、店主は蒸しタオルで丁寧に陽一さんの顔を拭いてくれる。

「そうですか、そうなんですね」

陽一さんの身体は恐怖に包まれているにも拘わらず、妙な脱力感に覆われる。

両腕を座席の横にダランと垂らすと、右手に何か触れた。

これは髪の毛の感触だ、恐らく座席のすぐ右横にマネキンヘッドの康子さんがいるのだろう。だが、陽一さんはそれをあえて確認しなかった。

「どうも、お疲れ様でした」

整髪が全て終わると店主はニコニコしながらハキハキとした動作で、陽一さんの身体に付いたカット後の頭髪を柔らかいブラシで落としてくれた。

先ほどまで殺された妻の話をしていた男とは思えないほど、その表情は明るい。

陽一さんは、会計をしながら自分の足元を見る。

康子さんの生首がこちらを見上げている。

「奥さんの首は時々、自販機の前まで飛んでいきませんか？」

陽一さんは、店主にそう聞きたい衝動に駆られたが止めた。

しかし、この店主なら「はい、そうです。よく御存じで」と言いかねない。

陽一さんは、店主と康子さんに見送られながら店を出る。

「新しい床屋、探さないとな」

康子さんを殺害した犯人は、未だに見つかっていないらしい。

ばね

「幽霊或いは妖怪か……いっそそちらの類のほうが納得いく。内藤さんの求める話のジャンルかどうかは分からないが、職場の近くにおかしなビルがあるんだ」

長い期間、介護職をしていた小形さんが取材の冒頭でそう話す。

小形さんは数年前に体調を崩し、ハードな介護職を辞めた。

五十歳を過ぎた彼は再就職は簡単にいかないと思っていたが、ハローワークの案内で早々に小さな会社の事務職に就くことができた。

K県の繁華街にあるその食品関連会社は、小形さんを含めて十人ほどの小さな職場。慣れない事務職だったが、殆どが年下の先輩社員達はみんな優しく、手取り足取り小形さんにいろいろと教えてくれた。

おかげで仕事内容にも職場の雰囲気にも、すぐに馴染むことができた。

会社は小さなビルに入っているが、喫煙場所は屋上だった。

小形さんが就職して三カ月が経ったある日の昼休み、彼は屋上でタバコを吸っていた。

この会社では喫煙者は小形さんだけで、ビルに入っている他のテナントにもタバコを吸う者は少ないらしく、喫煙所にはいつも彼一人しかいなかった。

「再就職、何とか上手くいったなぁ〜」

小形さんはタバコをくわえて屋上の柵にもたれかかり、周りに広がる風景をぼうっとしながら眺めていた。

すると、小形さんのいるビルから二十メートルも離れていない場所に建つ同じような小さなビルの屋上に、一人の男がいるのに気が付いた。

頭髪を短く清潔に整え、紺色のスーツでビシッとキメた若い男。

背が高くがっしりとした体格に加え、凛々しい顔をしている。

体育会系上がりの爽やか営業マンといった感じか。

若い男は屋上の真ん中で、わざとらしく白い歯を剥き出して笑顔を見せている。

何もない方向に向かって。

「何だあいつ、仕事のし過ぎでおかしくなったのか？」

奇妙な様子の若い男に興味を持った小形さんは、柵から身を乗り出して観察を始めた。

更によく見ると男は、小さめのホワイトボードを胸の前に持っている。

ボードには何か書かれているが、それは意味不明な文字の羅列だった。

「ありゃ、何かの暗号か？　益々おかしな奴だな」

平仮名、片仮名、漢字、数字、その他、様々な記号の混ざった訳の分からない文章。

それが黒い太文字で三行、ボード上に書かれている。

屋上で一人、意味不明な文字が書かれたホワイトボードを持つ直立不動の男。

瞬きすらしない男の笑顔を見て、何やら言いようのない不安に襲われた小形さんは、それでも尚、観察を止めることができなかった。

小形さんが新しいタバコの火を点けたとき、男が動き始めた。

男はそれほど広くない屋上をウロウロと歩き出した。

そして歩くと同時に首を左右交互に倒し始める。

何かの作業をする機械のように右、左、右、左、と正確な間隔で。

その動作は最初こそゆっくりだったが、だんだんと左右に倒す速度が増していく。

最終的に、男は首が引き千切れるのではないかと心配になるくらいの速さで首を振りながら、屋上を歩き回っていた。

小形さんが言うには、〈ばねの先を指で強く弾くとビヨヨ～ンと左右に激しく振れる〉ようなアレを、人間の首でずっと続けている感じだったという。

精巧に作られた特撮の仕掛けか、はたまたあんな動きのできる異常体質か。

どちらにせよ屋上で一人あんなことをしているのは、マトモな奴ではない。

小形さんは首振り男をもっと見ていたかったが、ちょうど休み時間が終わった。スマホで撮影しようと思ったが、不吉な気がしたので止めた。

首振り男は小形さんが去るときも、激しく首を振りながら歩いていた。

小形さんは会社に戻った後、屋上から見たおかしな光景は誰にも言わなかった。


それ以降、小形さんが屋上の喫煙所に行くと、四、五回に一回の割合で隣のビルの屋上で歩く首振り男を見ることができた。

男は毎回毎回、何の意味があるのかは分からないが、首を激しく左右に振りながらホワイトボードを持って屋上を歩き回っている。

そして持っているボード上の文章は相変わらず意味不明で、使われている文字や記号の羅列は毎回違っている。

「アイツの動き自体、えらく気持ちが悪い。が、誰に見せる訳でもなく、屋上でボードを持って練り歩く目的が分からん。そちらのほうも同じくらい不気味だ」

その日の昼休みも、小形さんは喫煙所でタバコを吸いながら少し離れたビルの屋上で歩く首振り男を観察していた。

「あなたも気になりますか、あの男」

そう言いながら、柵にもたれかかっていた小形さんの右隣に知らない男が現れた。

くたびれた背広を着た白髪の目立つ中年男は、自分をシライと名乗った。

小形さんが自分と同年代らしきシライと話してみると、このビルの違う階の会社に勤める社員だという。

小形さんは転職して数カ月になるが、屋上の喫煙所で他人に会うのは初めてだった。

「何者なんですか、あの首振り男は？」

小形さんは、何か知っているようなシライに疑問をぶつけてみた。

「まあ、ある程度のことまでは知っています。あちらのビルにはあの男しかいないらしいです。管理人すらいない」

シライもタバコを取り出しながら静かに答える。

「アイツしかいない、ですか」

益々興味を持った小形さんは、シライから更にいろいろと話を聞いた。

首振り男のいるビルに入っているテナントは一つのみで、奴が経営しているらしいコンサルタント事務所だけ。

ビルの入り口には、〇〇コンサルティングという表札のみが貼られている。

だが、本当にコンサルティング業務をしているのかは不明。

ビルのエレベーターは動くもののその他の照明は殆ど点いておらず、内部は真っ暗だという。首振り男の事務所以外は。

「けっこう、いろいろ知っているじゃないですか。調べたのですか？」

小形さんが訊ねると白髪男は、フッと軽く笑った。

「会ってきたのですよ、あいつに」

「本当ですか、あの首ふりに!?」

小形さんは、向こうで歩いている首振り男とシライを交互に見た。

「ビルには、本当にあなたが首ふりと呼ぶ男しかいなかった。全部の階を回りましたが、さっきも言ったように首ふりの事務所以外は全て真っ暗で無人。そのくせメンテナンスや清掃だけは行き届いていて、妙に小綺麗だった」

更にシライは首振り男の事務所に行き、名刺交換をしたという。

「あいつと話したのですか。あいつは話せるのですか？」

「いや、机一つない事務所の中で突っ立っているだけでした。そのとき、奴は首を振っていませんでしたから試しに名刺を差し出したら、あちらも無言で返してくれました」

シライは貰った名刺を小形さんに見せてくれた。

案の定、名刺には意味不明な文字の羅列が黒い太文字で書かれていた。

「そんなに興味がおありなら、あなたも会ってきたらどうです」

シライは目を大きく見開き、わざとらしいくらい白い歯を剥き出しにした笑顔で小形さんにそう言った。

「いや、けっこう」

首振り男のほうを見ると、小形さんは驚いて声を上げそうになった。

奴は首ふりを止め、あちらの屋上から小形さんのことを見ていた。

白い歯を剥き出しにした嫌らしい笑顔で。

首ふりと目が合ったのは初めてで、奴はこちらの存在に気付いている。

「彼もあなたと会いたがっていますよ、きっと」

シライのヤニ臭い顔が、ググッと近付いてきた。

小形さんはタバコを投げ捨てると、慌てて屋上から逃げ出した。

シライの首が激しく左右に振れないうちに。

それから小形さんは少々面倒だが、職場のビルから少し離れた公共の喫煙場所でタバコを吸うことにした。

もちろん、屋上でシライと二人きりで会うのが怖かったし、あの首振り男も二度と見たくなかったからだ。

　しかし、後になって分かったことだが、小形さんの職場以外でビルに入っているどの会社にもシライという男は存在していなかったという。


「例の首振り男はまだ、近くのビルの屋上で歩いているのですか？」

　話の最後のほうで私は小形さんに質問した。

「もう、あれから屋上の喫煙所には行っていないから分からない。だが、首振り男のいるビルならよく通るよ、別の喫煙所に行くときに」

　私がビルの様子を聞くと、小形さんは我々以外の人間に聞こえないよう、用心深く囁《ささや》くように言った。

「ビルの前を通ると、その屋上からネズミやらカラスとかの死体がよく落ちてくる。全部、首があらぬ方向にひん曲がった状態で」

　だが小形さん、幾ら怖くてもタバコは止められないそうだ。

今の嫁です

綾瀬さんは四十代半ばの男性で、現在都内でサラリーマンをしている。

彼には奥さんと二人の子供がいるが、今回話してくれたのは彼の奥さんである冬美さんとその家族についての話だ。

「何というか、妻の冬美とは彼女が赤ん坊のときからの縁でね。そこから二十数年の時を経て結婚したのだけど、その間にいろいろと不思議なことがあった。そして今も……」

奥さんは、綾瀬さんの幼馴染みの妹なのだという
綾瀬さんは「他人からは悪い夢か、ただの思い込み、或いは俺の頭の病気だと思われるかもしれないが、妻は確実に私の前に実在しているから……」と重い口調で話を始めた。

今から四十年ほど前、綾瀬さんは幼稚園の年長組だった。

同じ組には更に幼い頃からの幼馴染みで、仲良しの蔵田博和君という男の子がいた。

蔵田家は古くから続く酒屋さんで、この辺りの地主でもある名家だった。

だが、綾瀬さんが当時はヒロちゃんと呼んでいた博和君の家族は、そんなことはおくび

にも出さず、平凡な家である綾瀬家と気さくに付き合っていたという。

ある日、綾瀬さんが博和君の家に遊びに行った。

すると大きな居間に博和君の母親と、まだ一歳にもならない妹、冬美さんがいた。

博和君の母親は、冬美さんのオムツを替えるところだった。

一人っ子だった綾瀬さんは、その様子を興味津々といった様子で覗いていた。

「マサ君、エッチだなぁ。妹のハダカを覗いて〜」

マサ君とは、綾瀬さんの下の名前で正確には正人。

真剣な顔をしてオムツ替えを見ていた綾瀬さんのことを、博和君はからかった。

「ちがうよ、ヒロちゃん！」と綾瀬さんは顔を真っ赤にして否定する。

「あはは、もう少し大きくなったら冬美も嫌がるかもね」

母親は笑いながら、オムツ替えを終えると冬美さんを抱いてどこかに去っていった。

その後、綾瀬さんと博和君は当時、贅沢品だったテレビゲームで遊んだ。

「もう少ししたら、マサ君と遊べなくなるかも。何かオレ、シリツっていう小学校に行くみたい。ベンキョウをたくさんやらなきゃいけないんだって」

ゲームをプレイ中、博和君がボソリと言った。

「そうなんだ……」

綾瀬さんは両親から聞いて知っていた。

「博和君はあなたとは違って、とても頭のいい学校へ行くのよ。だから、もう今までのように会えなくなるかもしれない」と。

今よりも幼い頃からずっと一緒に、仲良く遊んできたヒロちゃんと遊べなくなるのは寂しいと思ったが、幼稚園児の綾瀬さんにはどうにもならないことだった。

夕方の帰る時間になって博和君に別れの挨拶をすると、綾瀬さんは玄関に向かった。

木造の広くて薄暗い玄関。綾瀬さんはここだけはいつも薄気味悪いと思っていた。

綾瀬さんが立って自分の靴を履いていると、玄関の石畳を何か赤い球体のような物がゆっくりと転がっていく。

ボールにしては形が歪だ。

その赤い物は、玄関横にある靴入れにぶつかると消えた。

その際「また、あえる」という野太い声がはっきりと聞こえた。

綾瀬さんが博和君の家を出たとき、あの真っ赤な物は人の頭だったのでは？　という考えが急に頭に浮かび、恐ろしくなって走って家に帰った。

それから綾瀬さんは公立の小学校へ上がり、博和君は有名な私立の小学校へ入学した。

学校の場所が離れていることもあって、綾瀬さんが予想した通り博和君とその家族とは次第に疎遠になっていった。

それから二年近くが経ち、綾瀬さんは小学三年生になった。

綾瀬さんにも新しい友達が何人もできて、博和君のことを忘れかけていた頃だった。

「博和君を覚えている？　この前、彼の両親が新しいお家を建てたんだけど、それが雑誌に紹介されたのよ」

綾瀬さんの母親が、やや興奮気味に婦人雑誌を持ってきた。

最近、博和君の両親が実家から少し離れた場所に新居を構えたのだが、建てた家が当時としては最新の技術、最新のデザインを用いていたらしく話題になっていた。

そこに婦人雑誌社が取材に来て、雑誌に載ったのだという。

母親が雑誌を開くと博和君の新居の外観、内装、インテリアに加えて家族全員の写真もカラーで載っていた。

「素敵な家ねぇ。やっぱりお金を掛けていると違うわ〜」

母親は内装のデザイン等に見とれていたが、綾瀬君は家族写真のほうに目を奪われていた。

幸せそうに笑いながら並んでカメラのほうを見る博和君の両親、その下に二歳くらいの幼児に成長した妹の冬美さんと、彼女を抱っこする博和君らしき笑顔の少年。

らしき、というのはそこに写っている博和君は、綾瀬さんが幼い頃からよく遊んだ彼ではなかったからだ。

写真の少年は顔の輪郭に始まって、目鼻等のパーツ類、髪形や体格などが綾瀬さんの記憶にある博和君とは全く違う別人だった。

確かに二年の歳月が経っているが、幼馴染みの博和君の顔を間違えるはずがないし、幾ら成長したと言ってもその変貌の度合いが大きすぎる。

赤ん坊から幼児に成長した冬美さんなら、二年間で大きく印象が変わるかもしれないが、博和君の変わりようは異様だった。

「お母さん、これヒロちゃん？　何か別の人みたいだけど……」

不思議に思った綾瀬さんは、母親に雑誌上の写真の博和君を指さして聞いてみた。

「当たり前じゃないの。小さい頃は散々遊んだでしょ？　まさか忘れたの」

母親には変貌した博和君が、全く違和感なく見えるようだった。

それでも綾瀬さんが以前の博和君との違いを幾つか指摘したが、「おかしなことを言う子ね」と、母親には全く相手にされなかった。

そして母親は「今度、お邪魔して家の中を見せてもらおうかしら」と雑誌を持って去っていってしまった。

更に二年程して、綾瀬さんは両親から博和君の実家は破綻したと聞かされた。

博和君の祖父と父親が、調子に乗って様々な投資や事業に手を出し大火傷。

老舗の酒屋である蔵田家を潰しただけでなく、借金まで背負ってしまったらしい。

そして以前に建てた新しい家も、手放すはめになったという。

だが、その頃には綾瀬さんは新しい友達に加えてサッカーに夢中だったため、ずっと会っていない博和君のことは、すっかり忘れていて関心は薄かった。


それから更に数年が経ち、綾瀬さんは地元の高校に進学した。

その頃には、綾瀬さんの頭の中から博和君のことは、完全に消えていた。

高校進学とともに新しい塾にも通い始めたが、その経路におかしな場所があった。

おかしな場所というのは十数戸の家々が集まって建つそれほど広くない地域で、一番の特徴は地面がアスファルト等で舗装されておらず、土や泥が剥き出しになっていたことだ。

建っている家も小さくて粗末な木造家屋が多く、まるでバラックのようだった。

綾瀬さんはこれとよく似た風景を、歴史の教科書で見たことがあった。

戦後間もない日本の風景写真として。

両親にその地域のことを話すと、何故かあまり詳しく話したくない様子で、ただ〈そこには近付くな〉としか言わなかった。

ある夏の日、綾瀬さんが塾から帰るときのことだった。

時刻は夜の七時近かったが、まだ辺りは明るい。

例のバラック建築物の集まる、未舗装地域の入り口近くを通りかかったとき、綾瀬さんは何者かに声を掛けられた。

「マサ兄ちゃんだよね？　久しぶり」

声を掛けてきた人物を見ると七、八歳くらいの痩せた少女だった。

少女は薄茶色の短めにカットされた髪形に大きな瞳、頬はソバカスだらけ、汚れたTシャツに半ズボンという出で立ちで、ニコニコしながら綾瀬さんのことを見ている。

生まれつきかそれとも栄養状態が悪いのか、口元から覗く歯並びはガタガタだった。

綾瀬さんはもちろん、こんな少女とは初対面のはずだったが、心の奥底で何となく以前、どこかで会ったことがある気もした。

しかも少女は、〈マサ兄ちゃん〉と自分の下の名前も知っている。

「君は誰？　僕のことを知っているの？」

疑問に思った綾瀬さんが少女に近寄って質問すると、彼女は「やだぁ～」と、わざとらしく身体をしならせて大袈裟にはしゃぐ。

そして唐突に綾瀬さんに向かって右手を出し、左手は自分の下腹部を指しながら綾瀬さんに向かって言った。

「昔、あたしのアソコを見たでしょ？　今のも見たかったら百円！」

綾瀬さんは一瞬、少女が何を言っているのか理解できなかったが、意味が分かると少し赤面しながら言い返した。

「なっ、何だよアソコって。知らないよ、お前なんて」

「うわ～、ハクジョウ。アタシを忘れるなんて」

少女はそう言うなり、恐ろしい素早さで綾瀬さんが持っていた塾用の手持ちバックをひったくり、未舗装の路地の奥へ走っていった。

「おい、ふざけるな！」

怒った綾瀬さんも少女を追って奥へと走る。

少女は貧相な身体の割には逃げ足が速く、綾瀬さんはなかなか追いつけない。

走っているうちに「随分と長く未舗装の道をまっすぐに走っているけど、この辺りってこんなに広かったっけ？」と不安な気持ちになってきた。

「遅いねぇ、返すよ」

少女はいきなり立ち止まると、綾瀬さんのカバンを放って返した。

綾瀬さんは息を切らせながら、慌ててカバンを受け取ると「どういうつもりだよ」と怖い顔で少女に詰め寄る。

だが、全く悪びれずにニコニコしている少女の後ろに、今度は大人の男女が現れた。

「あら、もしかしたらマサ君!? 大きくなったわね」

そう言って綾瀬さんに近付いてきた中年女性のほうは、どことなく少女に似ており、髪の毛が白髪交じりで瞳が大きく痩せ細っていた。

綾瀬さんはこの痩せた中年女性に見覚えがなかったが、あちらはこっちのことを知っているようだった。

「あのマサ君か!? 暫く見ないうちに立派な少年になったね。何かスポーツでもやっているのかい」

もう一人の大人、小太りで肌の浅黒い中年男性も驚きながらそう言い、やはり綾瀬さんのことを知っている素振りだった。

「もしかして私達のことを忘れたのかな? まあ、博和と遊ばなくなってかなり経つからなぁ。しかも、恥ずかしいが今はこんな場所に住んでいるし……。私達は蔵田だよ、君と幼馴染みの博和の両親だ。こっちは娘の冬美、当時は赤ん坊だったが今じゃ小学四年生になったよ」

小太りの中年男性は、自分達を幼馴染みの博和君の両親だと説明してきた。

しかし、綾瀬さんは心の中で首を横に大きく振った。

博和君の父親はもっと背が高くて、メガネを掛けたスマートな男性だった。

同じく母親はもっとぽっちゃりしており、目は細く瞳はこんなに大きくなかった。

それ以外の細かい部分も、ここ十年程で老け込んで変化したというレベルではなく、彼らは博和君の両親とは全くの別人だった。

「ほら、幼稚園の頃、町の真ん中に大きな酒屋があったでしょう？　マサ君もよく来て博和と遊んでいた。覚えていないかしら？」

「博和君と遊んだのは覚えているが、あなた達のことは知らない」と喉から出掛かるのを押さえて綾瀬さんは曖昧に返事をした。

そして、以前も同じような出来事があったのを思い出した。

蔵田家が新しい家を建てたときの家族写真に写った博和君、彼もまた綾瀬さんの記憶とは全く違う人物だった。

「もう聞いているかもしれないが、うちはいろいろとお金で失敗してね。全てを失って、今ではこんな所で暮らしているという訳だよ」

博和君の父親と名乗る男性は、恥ずかしそうに告白した。

「博和も私立校から公立校へ転校したのよ。今は○○高校に通っているわ」

博和君の母親を名乗る女性は現在、息子の通っている高校名を教えてくれた。

あまり評判のよくない高校で、もし話が本当なら頭のよかった博和君が通う学校には、およそふさわしくない。

その後、綾瀬さんは自称両親達と幾つかの会話をしたが、何だか悪い夢の中の出来事みたいで、内容ははっきりと覚えていない。

ただ、別れを告げるときに「冬美とまた遊んでやってくれ」と言われたことだけは記憶に残っていた。

「あんな年下の性悪な女の子と遊べる訳がない。ヒロちゃんとならまだしも……」

綾瀬さんはそんなことを考えながら、未舗装のややぬかるんだ帰り道を歩いていた。

そして周りに建つ家々を改めて見回す。

皆、バラック風の建物といった外観で、粗末な材料や素材を用いてとりあえず人間が住むことができるように、急ごしらえで建てられたような建物ばかり。

加えて老朽化が進んでいる建物も多く、台風など来たら全部吹き飛んでしまいそうだ。

「ここ、現代の日本だよな……」

歩いていた綾瀬さんは、急にそんな不安と恐怖に襲われた。

「いてっ」

綾瀬さんの頭に何かが当たった。

地面を見ると小さな丸い小石が落ちており、これが当たったらしい。

誰が投げたのかと辺りを見回したとき、綾瀬さんは声を上げて驚いた。

彼から見て左側の塀の上に、頭全体を赤いペンキで塗りたくったような坊主頭がいて、こちらを覗いていたのだ。そいつは頭だけで身体がなかった。

赤い坊主頭が視界に入った途端、綾瀬さんの頭には咄嗟《とっさ》に天狗という単語が浮かび上がった。だが、そいつの鼻は長くはないし、山伏のような頭巾も被ってはいない。

そいつには頭髪も髭もなく、瞼は殆ど閉じているかのような細い目、口はへの字にきつく結んでいる。

突然、塀の上に現れた不気味な赤い顔に綾瀬さんは震えあがり、足が竦《すく》んでその場で固まってしまった。

「コイツ、見たことがあるぞ……」

幼稚園の頃、博和君の家から出るときに転がってきた赤い物、それだった。

綾瀬さんが昔のことを思い出すと同時に、赤い顔のすぐ左側から同じように真っ赤な左手が現れた。

　左手の指の間には、小石が挟まれている。

　綾瀬さんはその左手を見て、嫌な予感がし、それは的中した。

「いてっ！」

　左手は指を全く動かすことなく、小石を綾瀬さんに投げて命中させた。

「逃げよう。とにかく逃げよう」

　そう思った瞬間、周りの塀の上にたくさんの赤い左手がズラリと並んで現れた。

　全ての手の指に小石が挟まれているのを見て、綾瀬さんは絶望した。

　そして、やけくそになって元来た道を走った。

「いた、痛、イタ！」

　走っている途中でも、精密射撃のように小石が当たってくる。

　そしてバラック地帯から抜け出すと、赤い頭が放つ石つぶては止んだ。

「また、あえる」

　赤い顔や左手は消えていたが、綾瀬さんは野太い声をはっきりと聞いた。


　それから十数年が経って、綾瀬さんも三十歳手前になった。

彼はそこそこの大学に進み、そこそこの企業に就職した。

その間、蔵田家との関わりはなかったが、博和君が有名大学に合格したという話だけは母親から聞いた。

元々頭はよかったから、底辺高校から奮起して大金星を勝ち取ったのだろう。

綾瀬さんのほうはというと、これといって大きな事件はなかった。ただ、大学でも社会人になっても女性と付き合うまではいいが長続きしない、ということを繰り返していた。

理由は分からないが、付き合う女性全てと一年以上続かない。

綾瀬さんは「実家住まいがダサいのかなぁ～？」と自己分析するが不明だ。

それでも、彼にはフットサルやドライブなどいろいろ趣味があって、それほどプライベートに不満はなかった。

ある日、綾瀬さんが仕事から帰ってくると母親から声を掛けられた。

「正人、あなたお見合いしない？」

母親の突然の申し出に、綾瀬さんは言葉に詰まった。

綾瀬さんは正直、結婚なんてまだ考えたことがなかったからだ。

「お相手はね、蔵田博和君を覚えているでしょう？　彼の妹、冬美さんよ」

蔵田博和、妹の冬美、二つの名前が綾瀬さんの頭の中を暫く回った後、彼は「え～!!」

と驚きの声を上げた。

ここ何年もの間、蔵田家のことはすっかり忘れていた。

特に博和君と直接会ったのは幼稚園時代が最後。

その後、婦人雑誌に載った博和君を見たが、記憶違いでなければあれは別人だ。

そして博和君の妹、冬美は高校生のときにあの未舗装のバラック街で会ったきりだ。

あのバラック街は何年も前に解体され、しっかりと整備、舗装された。

その跡地には高級そうな家やマンション等が建っており、以前の面影はない。

「そういえば蔵田一家は今、どこに住んでいるの？」

綾瀬さんが聞くと、母親が待ってましたとばかりに答えた。

「それが聞いて驚くわよ。あのバラック街だった場所に建っている高級マンションあるでしょう。あそこに住んでいるのよ」

母親の話によると、博和君は大学を卒業した後、友人達とすぐに起業した。

そのビジネスが大ヒットし、今では博和君は億単位を稼ぐ業界の有名人になっているのだという。現在、博和君は自分の妻子だけでなく、両親や祖母まで養っているらしい。

「一時は実家が潰れて大変だったのに、博和君、大したものよね〜」

ちなみに冬美さんは、普通の企業に勤めるＯＬだそうだ。

ただ、綾瀬さんの記憶では、冬美さんは痩せ細った性悪な女の子のイメージしか残っていない。バラック街のときから十数年経っているから現在は大分変わっているかもしれないが、綾瀬さんはどうも乗り気になれない。

「そんな深刻に考えないで会うだけ会ってみなさいよ。気軽に気軽に！」

結局、綾瀬さんは母親に押し切られる感じで、お見合いに承諾してしまった。


ある週末の夕方、都内のデパートに綾瀬さんと母親はいた。

デパート内の喫茶店で待ち合わせして、親子同士で初顔合わせをし、それから改めて若い二人だけになって、違うレストランで会食をするというのが今夜の段取りだった。

二人が喫茶店の前で待っていると「お待たせしました〜」という明るい声とともに、博和君の母親と若い女性がこちらに向かってきた。

綾瀬さんの母親と博和君の母親も昔から大の仲良しだったので、二人とも再会を喜んで大はしゃぎをし、本来の目的を忘れているのではないかと思うほどだった。

やってきた博和君の母親は綾瀬さんが幼い頃によく会っていた、ふっくらとして目の細い優しそうな女性だった。バラック街で会った、痩せた白髪交じりの女性とは違う。

「この人は確かに博和君の母親だ、よかった……」

綾瀬さんは心の中で、安堵の溜め息を吐いた。

綾瀬さんは若い女性、博和君の妹の冬美さんに注目した。

バラック街で会ったときから、十数年も経っているのでさすがに一見すると別人のように見える。黒いセミロングを肩まで垂らし、日焼けしているのか顔を含めて肌全体が薄い小麦色をしている。薄くルージュを引いた唇、主張しすぎないネックレス。

だが、バラック街のときでも印象に残っていた大きな瞳、頬に微かに残るソバカス、そして唇の中からたまに覗く歯の矯正器具。当時、ガタガタだった歯を矯正するものだろう。

この若い女性は、バラック街で会った少女が成長した姿だと綾瀬さんは確信した。

「こら正人、ぼっとしていないでお嬢さんに御挨拶しなさい」

母親に背中を押され、我に返った綾瀬さんは冬美さんに挨拶した。

「はじめまして、じゃなかった。お久しぶり……でいいのかな」

綾瀬さんがしどろもどろに挨拶をすると、冬美さんもクスクス笑いながら「お久しぶりです。今日はよろしくお願いします」と丁寧に頭を下げた。

バラック街の礼儀知らずな小娘とは大違いだった。

綾瀬さん達は喫茶店に入ると席に座り、改めて挨拶をした。

そして綾瀬さんと冬美さんは、お互いに簡単な自己紹介をした。

続けてまだ喋り慣れない綾瀬さん達に代わって、母親達は口火を切ったように喋り始めた。

話題は事業で成功した博和君が、如何に稼いでいるかという話になった。

博和君は両親や祖母達の高い家賃だけでなく、生活費まで面倒を見ているらしい。

そのことを自慢げにいつまでも話す自分の母親を、冬美さんは肘で突いて黙らせた。

「ごめんなさい、私ったらつい調子に乗ってしまって。そろそろ、若い二人だけにしましょうか……」

冬美さんの母親はまだ喋り足りなさそうだったが、ここで一旦レストランへと移動し、若い二人を残して母親達はその場を去っていった。

「うちのお母さん、兄の自慢話ばかりして呆れたでしょう?」

レストランの席に着いて、先に話しかけてきたのは冬美さんだった。

「私は兄に頼りたくないから、一人暮らしをしています。安いマンションですが……」

冬美さんはどうやら、親族達が博和君に頼って生活しているのをよく思っていないようだった。

「いやあ、博和君、何だか凄い大物になったんだね。俺とは別の次元の人間みたいだ。今度会ったら、成功の秘訣を聞きたいよ」

綾瀬さんは軽妙にそう返したが、目はあちらこちらを彷徨《さまよ》っていた。

実は成長した冬美さんを、最初に見たときからそうだった。

冬美さんの小柄な体格に似合わぬ、大きな胸が気になって仕方がないのだ。

いわゆる、巨乳という奴だ。

綾瀬さんも若い男だから、しょうがないと言えばそれまでだが、全体的にやや地味な印象を受ける冬美さんの容姿に対して、男を挑発するような大きな胸が余計にギャップを感じさせ、男の本能を刺激した。

そして、それを悟られないように綾瀬さんは冷静になるよう努めた。

暫く食事をしながら会話をしていると、お互い大分緊張がほぐれてきた。

少しずついろいろなことが話せるようになり、自然と会話の中に笑いや冗談も混じるようになってきた。

冬美さんはこれといった趣味はなく、どちらかといえばインドア派。休日は家で本を読んだりドラマを観たりする他、たまに友達とショッピングやミニ旅行をする程度だという。

「では、そのうちドライブにでも行きませんか？　運転だけは自信があります」

綾瀬さんがそう誘うと、冬美さんは嬉しそうに頷《うなず》いた。

時間にして二時間弱だったが、綾瀬さんは冬美さんに好意を抱いていた。

「しかし、バラック街の性悪少女が、こんなお淑《しと》やかな女性に成長するなんて……」

綾瀬さんがそう思っていると、コンッと後頭部に何かが当たった。

後ろを振り向いたが誰もいなかった。

床には小さな小石が落ちていた。


「では、予定が分かったら教えてください。車で迎えに行きますよ」

短時間だったが若い二人は無事に意気投合し、次も会う約束をした。

綾瀬さんの母親は先に帰っており、彼は一人でデパートを出て地下鉄に向かった。

彼の気分はかなり高揚しており、スキップでもしたい気分だった。

「冬美さん、可愛かったなぁ。顔に似合わないあの大きな胸も……」

「おい、すけべぇ」

どこからか野太い声がした。聞き覚えのある声だ。

冬美さんの母親から貰ったお菓子の入った紙袋の中を見て、綾瀬さんは仰天した。

紙袋の中に赤い坊主頭が入っていて、綾瀬さんを見上げていた。

細い目にへの字に結んだ口、綾瀬さんは思い出した。

高校生のときに、バラック街で小石を投げてきたアイツだった。

焦った綾瀬さんは紙袋を投げ捨てようとしたが、不思議と持ち手から手が離れない。

「よかったな、すけべぇ。また、あえたな、すけべぇ」

「スケベスケベ、うるせえな！」

心を見透かされた綾瀬さんが、紙袋内の坊主頭に怒鳴りつける。

すると坊主頭はカッと目を見開き「あのムスメをお前にやる。代わりにアニキのほうをオレが貰う」と唐突に不穏なことを言った。

「アニキって……ヒロちゃんのことか？」

しかし、坊主頭はそれには答えずに紙袋から消えた。

「そういえばヒロちゃんには幼稚園以来、直接会ってないな……」

先ほどの浮かれた気分から一転、漠然とした不安が綾瀬さんを覆った。


それから、綾瀬さんと冬美さんの交際は順調に続いた。

綾瀬さんは冬美さんの控えめな所が気に入り、冬美さんは綾瀬さんのアクティブな性格を頼もしく思ったようだ。

付き合ってから半年が過ぎて、綾瀬さんは「冬美さんとなら結婚したいな」と思った。

幸いなことにそれは冬美さんも同じだった。

だが、綾瀬さんは二つ、気になっていたことがあった。

一つ目は二人の交際には直接関係ないが、冬美さんと付き合っている間に兄である博和君と一度も会うことができなかったことだ。

冬美さんやその両親も「博和はたくさん稼ぐ分、ホントに忙しいから私達でも滅多に会えないの」としか言わない。

教えてもらった博和君の電話番号やアドレスに連絡してみたが、返答はない。

「幾ら忙しいとはいえ、一度も挨拶ができないなんてことがあるのか」

綾瀬さんは疑問を通り越して、不可思議にさえ思った。

二つ目は、あの赤い坊主頭のこと。

「今まで深く考えなかったけどあの坊主頭、何者なんだ……？」

綾瀬さんは今更ながら蔵田家、特に冬美さんと関わったときに現れる、赤顔の坊主頭の存在を不気味に思った。

もしかしたら、自分だけが見るただの幻や白昼夢の可能性も拭えない。

しかし、綾瀬さんがそう思い込もうとすると度に「アニキのほうをオレが貰う」という坊主頭の不気味なセリフが頭を強くよぎる。

そんな不安があっても、綾瀬さんの冬美さんへ対する思いは変わらなかったが。

綾瀬さんが冬美さんと付き合いだして、更に三カ月が過ぎた。

綾瀬さんは冬美さんにプロポーズをし、彼女はそれを受け入れた。

そして改めてその旨を伝えるため、冬美さんの御両親の住む高級マンションに向かった。

御両親は二人の婚約について、諸手を挙げて祝福してくれた。

「冬美のことをよろしくお願いします」

喜んだ御両親は、それぞれが綾瀬さんの手を握る。

「はい、頑張ります」

綾瀬さんは力強く答えて頭を下げると、マンションを後にした。

大仕事をやり遂げた綾瀬さんは、マンションから出ると解放感に包まれ、思わず大きな伸びをした。

そして目を開けた途端、周りの風景を見回して愕然とした。

十数年前に迷い込んだバラック街、彼はその舗装されていない道に立っていた。

マンションのほうを振り向くがそんなものはなく、粗末な作りの家々が並んでいるだけだった。街灯の殆どない薄暗い場所で、綾瀬さんは暫し呆然としていた。

「あのときと同じだ。性悪だった頃の冬美と会ったあの場所だ……」

恐ろしくなった綾瀬さんは、夜道にも拘わらず走ってここから脱出しようとしたが、無駄だった。幾ら走っても、ボロボロの家々とややぬかるんだ泥の道が延々と続くだけ。

暗い中、走り疲れた綾瀬さんはその場に膝を突いた。

すると近くの壁の前に、こちらに背を向けた背広姿の男がしゃがんでいる。

男は身体を微かに揺らし、ウッウッとうめき声のようなものを上げている。

一瞬、驚いたものの、同じような境遇の人間を発見して少しだけ安心した綾瀬さんは、男に話しかけようとした。

すると突然、スマホの着信音が鳴る。

掛けてきた相手の名前を見ると、博和君からだった。

よく見ると背を向けた男の手にもスマホが握られ、その光が男の耳元を照らしている。

その仕草から、明らかに男も電話をしているように見える。

「もしかして博和さん？　ヒロちゃん、ヒロちゃんなのか。なあ、おい！」

綾瀬さんは男に何度も話しかけたが、座って背を見せたまま何も答えない。

「あっ」と着信音の鳴るスマホの画面を見た綾瀬さんは、急いで電話に出てみた。

「ヒロ、博和さん……？」

綾瀬さんは、息を飲んで返事を待った。

暫しの沈黙の後、スマホから弱々しい男の声が聞こえてきた。

「……マサ君、ごめん。こんな形で本当にごめん、妹を頼む」

それだけ言うと、博和君らしき男は一方的に電話を切った。

「ヒロちゃん!!」

先ほどまで、目の前で背を向けて座っていた背広姿の男も消えていた。

代わりにその地面にはあの赤い坊主頭がいて、綾瀬さんを細い目で見ていた。

「じょうじゅ、成就、よくやった。あのムスメはお前のもの、アニキはオレのもの」

赤い坊主頭は嬉しそうにそう言うと、スマホを握りしめたままの綾瀬さんの周りをゴロゴロと一回りした後、かき消すようにいなくなった。

辺りを見回すと、バラック街も消え、元の綺麗な街中に綾瀬さんは立っていた。

綾瀬さんは急いで博和君に電話を掛け直したが、彼が出ることはなかった。


そこから半年後、綾瀬さんと冬美さんは結婚式を挙げ、正式に結ばれた。

結婚式にも博和君は来られず、当たり障りのない祝電だけが届いた。

式に出席した冬美さんの両親はバラック街で会った二人、小太りで肌の浅黒い中年男性と、髪が白髪交じりで瞳が大きく痩せ細っていた中年女性だった。

そのことには誰も、娘である冬美さんでさえ、露ほども疑問に思っていないようだった。

そしてこの二人は、今でも冬美さん達の両親として健在だそうだ。

綾瀬さんの記憶にある、元々いた冬美さん達の両親、背が高くてメガネを掛けたスマートな父親と、ぽっちゃりした細い目の母親はどこに行ったのか分からない。

結婚後、綾瀬さん達は両親達の住むマンションの、別の部屋に住むことになった。

姿を見せない博和君は、両親や祖父母だけでなく、綾瀬さん達の家賃まで払ってくれているそうだ。更に冬美さん達の両親と祖父母は博和君から毎月、多額の小遣いまで貰っているらしく、全く働いている様子がないという。

そして結婚から十数年経ち、綾瀬さんは男女一人ずつの子供に恵まれた。

冬美さんはよい妻で家庭のことをこなしつつ、綾瀬さんのことを支えてくれている。

子供達も健康に育っており、綾瀬さんにとって何も不自由はないはずだった。

しかし、この十数年、未だに博和君とは再会できていない。

それは綾瀬さんにとって、ずっと不気味でならなかった。

姿を見せないくせに、親族達や自分らに多額の援助を行っている。

妻や義父母達に聞いても相変わらず「忙しい身だから」の一点張り。

もちろん、博和君からの電話やメールの返信もない。

そしてあの赤い坊主頭の「アニキを貰う」という不気味なセリフ。

そもそも、あの坊主頭と蔵田家の関係は？

綾瀬さんには、未だに尽きない疑問がたくさんある。

だが、あまり追及すると今まで妻子と築いてきた幸せな家庭がいきなり音を立てて崩れていくのでは？　という不安からこれ以上は詮索できていない。

「最近、妻の顔が時々、他人に見えるんだ。中身はそのままだけど。いつか、子供達もそうなるのかな、って。そう思うと、やはりヒロちゃんや赤い坊主頭のことを、はっきりさせなければいけないと思っている。なかなかその勇気が湧かないけれど……」

綾瀬さんは唇を噛みしめながら話を終えた。

上から目線

昼間、主婦の潤子さんは後部座席に幼い長男を乗せたままママチャリで買い物に行った。

その帰り、道の左端から「痛い！」という子供のものらしい叫び声を聞いた。

驚いた潤子さんは自転車の操作を誤りそうになったが、何とか持ちこたえる。

そして声の聞こえた道の左端を見ると、雑草に隠れるように光る物体が落ちている。

普段だったらそんな物は気にせず放っておく潤子さんだったが、その日は何故か光る物体が気になって仕方がなかった。

幸い、長男は後部座席でスヤスヤと大人しく眠っているので、潤子さんは自転車を降りて光る物体の正体を確かめに行った。

雑草達の間で光っていたのは、一枚のＣＤだった。

表側にはマイクを持った海外アーティストらしい人物がプリントされている。

アーティスト名やＣＤのタイトルは、潤子さんの知らない外国語で表記されていて分からない。潤子さんは、何となくＣＤの裏側も見てみた。

通常だったら銀色に輝く表面が見えるはずだが、そのＣＤは違った。

潤子さん曰く、まるでテレビの画面のようだったらしい。

ＣＤの裏面にはどこかの家の中を、ちょうど天井の高さ辺りの真上から覗いているかのような映像が映っていたという。

それは薄茶色のフローリング床の部屋で、家具などが殆ど置かれていない、がらんとして寂しい様子だった。

潤子さんはＣＤを動かして、光の当たり具合などを変えてみたが、裏面に映る映像がぶれたり消えるようなことはない。

もう一つ、潤子さんは部屋の左隅に人のようなものがいることに気が付いた。

上から見下ろす形なのではっきりとは分からないが、どうやら男の子が膝を抱えて蹲《うずくま》っているようだった。

不意にその男の子が座ったまま上を見上げ、潤子さんと目が合った。

男の子の不意打ちに、潤子さんは小さな声を上げて驚くとそのＣＤを捨て、さっさと自転車に乗って帰路に就いた。

それから一週間程経ち、潤子さんの記憶からＣＤのことは消えようとしていた。

潤子さんが自分の部屋を整理していると、以前、母親から貰ったコンパクトを見つけた。

「懐かしい。最近は全然使っていなかったな～」

潤子さんがコンパクトを開くと、そこには自分の顔ではなく見覚えのある部屋が、上から覗くような構図で映っている。

薄茶色のフローリング床で、物が殆ど置かれていない部屋。

道端で拾ったＣＤの裏に映っていた場所と全く同じだった。

部屋の左端に少年が蹲っているのも、そのままだった。

驚きと恐怖で固まった潤子さんが鏡に映る部屋を見つめていると、少年以外の新たな人物が右端から現れた。

それは上下に黒いジャージを着た白髪交じりの中年男で、長い棒のような物を持っている。中年男は少年に近付くと、いきなり彼を棒で軽く突いた。

「いつまでも、鬱陶しいガキだ。早く死ぬなり消えるなりしろよ」

そう言われて再び男に棒で突かれた少年は、微かに震えながら無言で座ったままだ。

「まさか、これは虐待じゃないの？」

潤子さんはコンパクトを持ったまま、鏡に他人の家の映像が映るという不可思議な現象についてはさておき、少年が虐待されているという状態に戦慄《せんりつ》した。

「何とか言えよ、クソガキ‼」

男は少年を強く蹴り飛ばし、そのせいで少年は後方に大きくのけぞって倒れた。

「間違いないわ。通報、通報しないと。でもここはどこ？」

焦った潤子さんは改めてコンパクトの鏡を見るが、もちろんこの少年と中年男の住んでいる場所の住所が書いてあるはずがない。

頭上から見下ろす殺風景な部屋にも、具体的な居場所が分かるような物や表示もない。

「もう、どうすればいいのよ！」

虐待を受けている少年を目前にして何もできない潤子さんは、歯痒さからコンパクトに向かって大声を上げた。

すると大声に反応したように、中年男がこちらを見上げた。

男と目が合った潤子さんは、思わず手で口を塞いだ。

男は不審そうな目つきでこちらを見上げていたが、やがて潤子さんのことを睨みつける。

「そんな所から何覗いているんだ、このメス野郎！」

男も大声で怒鳴り、こちらに向かって棒を突き上げてきた。

恐ろしくなった潤子さんは、慌ててコンパクトを閉じた。

潤子さんはコンパクトを握りしめながら、呼吸が落ち着くのを待った。

「あの男の子、どうなるのかな……」

少し経って怖がりながらも、再びコンパクトを開けて鏡を見たが、そこには少し青くなった潤子さんの顔が映っているだけだった。

それから暫くは、虐待を受けているあの少年が気になって仕方がなかったが、潤子さんがどうにかできることではなかった。

ある日潤子さんは、洗面所で長男の靴を漬け置き洗いするために、洗面器に水を張った。すると洗面器の中の透明だった水がいきなり黒く濁ったかと思うと、水面に見慣れた光景が現れた。フローリング床に、がらんとした殺風景な部屋。

だが、以前の部屋とは様子が違い、真ん中に少年が仰向けに倒れていた。

少年は大の字になり、パンツ以外は何も履いていない。

痩せた身体には、無数の痛々しい青アザが付いている。

少年は目を閉じており、息をしているのかどうか分からない状態だった。

潤子さんは少年の状態を見てショックを受け、暫くは水面に映る部屋を見つめることしかできなかった。

暫くすると、あのジャージを着た中年男が現れた。

「全く、面倒くさいことになりやがったなぁ～」

男の表情までは見られなかったが、その声から罪の意識や憐れみは感じられない。

男はまるでゴミを扱うがごとく、倒れている少年を軽く蹴った。

それを見た潤子さんは激怒した。

潤子さんが怒りに任せて後先考えずに洗面器に手を突っ込むと、中には水ではない空間が広がっているようだった。そして彼女の手先が何かに触れる。

何だか分からないが、潤子さんはそれを思いきり掴んだ。

「いだだだだだっ、やめろ、やめろ。あのクソ女か？　ハゲちまうだろ‼」

手を突っ込んだ洗面器の中から、男の苦しむ声が響いてきた。

どうやら掴んでいるのは、男の頭髪のようだった。

それでも潤子さんは無慈悲な渾身の握力で、最初から少し寂しかった男の頭髪を捻り上げ、思いきり引っ張り上げた。

ブツッという嫌な音とともに、潤子さんは腕を洗面器から引き上げた。

今度は潤子さんが大きな悲鳴を上げた。

男の頭髪を捻《ね》じ切ったつもりだったが、彼女の手にはヌメヌメと這いまわるミミズだかゴカイのような紐状の生き物がたくさん掴まれていた。

潤子さんは吐きそうになりながら、それらの生き物を床に叩きつける。

洗面器の中には、痛そうに頭部を押さえながらこちらを睨みつける男と、その隣に座ってヘラヘラと嫌らしく笑いながら、やはり潤子さんのことを見上げる少年がいた。

少年の笑顔には明らかに、潤子さんを侮蔑《ぶべつ》するかのような表情が含まれていた。

「どういうことよ!?」

少年の豹変した態度に裏切られたような気分になった潤子さんは、その場でとうとう吐いてしまった。

床に叩きつけた紐状の生き物達は消えていた。

そして洗面器は何事もなかったかのように、元の静かな水面を湛えていた。

それ以降、潤子さんがあのフローリング床の部屋を見下ろすことはなかったという。

だが、もし再びあの部屋を見ることができたら、彼女は自分の気持ちを裏切った少年を問い詰めたいと思っているらしい。

そのためにはあの部屋に入っていってもかまわない、と潤子さんは最後に真顔で言った。

無限ムカデ

三年前、知り合いの深谷君が実家に帰ったときに目撃した、不思議な生き物の話。

三年前の年末、深谷君はバイクで実家に帰郷した。

翌日、朝から実家周辺をツーリングしようとしたが、バイクの調子がおかしい。

そこで、芝生の広がる庭にシートを敷いて、バイクの修理を行うことにした。

「昨日までは絶好調だったのに、おかしいなぁ……」

深谷君が工具をバイクの横に広げたとき、庭の隅に生い茂る低木林の少し開けた箇所に、何かが蠢《うごめ》いているのに気が付いた。

ヌラヌラと黒く光る長い胴、嫌らしく細々と動く、オレンジ色の無数の足。

かなり大きなムカデだった。

その大きなムカデの長い胴が、低木林の開けた箇所の地面でたくさんの足を這わせながら、左から右へとゆっくりと移動している。

「今は十二月の終わりだぞ。ムカデが活動しているなんて珍しいな。しかもデカい」

深谷君は子供の頃から、実家周辺でムカデは嫌というほど目撃しており、親や親族からは見かけたら決して近付くなと何度も言われてきた。

そんな見慣れたムカデだが、年末の寒い時期に見かけるのは初めてだった。

深谷君は珍しさから、暫くそのムカデを観察した。

そして数分経った後、彼は呟いた。

「どれだけ長いんだ、このムカデ」

低木林の間を這い進むムカデの胴は、まるで終わりがないかのように左から右へと延々と行進を続けていく。

「もしかしたら、複数のムカデが連なって移動し、長いムカデのように見えるのかもしれない……」

もちろん、そんなムカデの習性は深谷君も聞いたことがない。

深谷君はバイクの修理も忘れて、延々と左から右に移動するムカデの胴に近付いた。

そして暫くムカデの胴を観察していたが、途中で他のムカデの頭や尻尾の部分が現れることはなく、やはり一匹のやたら長いムカデが移動しているらしかった。

深谷君は不気味に思いながらも、好奇心から〈こいつは一体どれだけ長いムカデなのか〉と工具で突いてみようと思った。

バイクの工具箱から一番長い工具を取り出して、再びムカデのほうを見たとき、深谷君はこいつに手を出すのは止めようと即断した。

ムカデの行進は終わろうとしていた。

ムカデの尻尾に当たる部分に人の頭ほどある異様な塊がくっついていて、それがズルズルと音を立てながら引きずられていた。

塊の正体は様々な昆虫、蝶や蛾、ミミズや芋虫で構成されていた。

それだけではない。トカゲやネズミ、コウモリなどの小動物も含まれている。

そして、それらは一つに固められた塊になりながらも、まだ生きて蠢いているのだ。

深谷君は近くでそれを見て、危うく吐きそうになった。

人の頭ほどもある生き物達の塊は、ムカデの尻尾にズルズルと音を立てて引きずられながら暗い繁みの中に消えていった。

庭に現れたムカデのような生き物と、生き物達の塊の正体は未だに分からない。

そして深谷君は最後に言った。

「塊が繁みに消えていくときにさ、その中に人間の指みたいな物が交じっているのを見たんだよ。耐えられなくて最後は吐いてしまったよ」

小鹿の鳴く声

専門学校時代の後輩、佐々木君の彼女、上条さんが体験した話。

今から十年以上前、上条さんが小学四年生の頃、学校の行事でお泊まり会のようなものがあったという。

お泊まり会と言っても、学校のすぐ近くにある市民会館に生徒達が夕方集まり、みんなで食事や簡単なレクリエーションをした後に、男女別れて集団で寝るというシンプルな行事だった。上条さんは正直、参加するのがダルかったという。

当時、新しく建てられたばかりの会館は、まだとても綺麗だった。

だが、この真新しい建物にしては少しばかり違和感のある物が、会館の正面玄関に展示されていた。

それはガラスケースに入った小鹿の剥製だった。

ガラスケース自体、それほど大きな物ではないが、まだ物の少ない会館の中では一際存在感を放っていた。

後になって分かったことだが、これはとある地元の名士が寄贈したものらしい。

上条さんを含む都会っ子の生徒達は、物珍しさに小鹿の剥製の前に群がった。

上条さんは幼い顔つきの小鹿を可愛いと思う反面、こんなに幼いのに剥製にされてしまうのはとても可哀想だと思った。親のほうはどうしたのだろう？　と。

消灯時間前、生徒達全員が大ホールに集まり、校長先生の話を聞いていた。

「さて、皆さん。そろそろ寝る時間ですが、玄関の鹿の剥製を見ましたか？」

剥製を見た生徒達が一斉に手を上げる。

「あの小鹿の剥製には、こんなお話があるのですよ……」

小鹿は今から何年も前、親子で山を歩いているところを猟師に捕まった。

親鹿は食肉にされ、小鹿のほうは剥製にされ、この会館に飾られた。

そして夜になると、小鹿は剥製になった後もピエ～、ピエ～と親恋しさに悲しい声で鳴くのだそうだ。

もちろん、この話は生徒達を怖がらせようとして、少し調子に乗りすぎてしまった校長先生の作り話だ。

だが集団とはいえ、これから慣れない場所で寝なければいけない小学生達にとっては、十分に怖すぎる話だった。

上条さんもその一人で、女子が集団で寝る小ホールに敷かれたマットに横になっても、小鹿の話が頭に残ってなかなか眠ることができない。

「小鹿の鳴き声が聞こえたらどうしよう、小鹿がここまで歩いてきたら……」

気を紛らわすために左右で横になっている同級生達に話しかけようとしたが、二人とも目を閉じて寝てしまっているようだった。

「みんな、小鹿の話が怖くないのかな……」

そう思った瞬間、上条さんの身体は仰向けになったまま動かせなくなった。

いわゆる、金縛りという状態だ。

上条さんは混乱して必死に身体を動かそうとするが指一本上がらず、助けを呼ぼうとするが声も全く出すことができない。

ピエ〜、ピエ〜。

聞いたことのない、何か動物の鳴き声のようなものが頭のすぐ上で響いてきた。

ピエ〜、ピエ〜。

金縛り中の上条さんの目から、恐怖のあまり涙が溢れてきた。

そしていきなり上条さんの目の前に、ぬうっと人の頭のような物が現れた。

そいつの顔は濃い茶色の短い毛で覆われており、口鼻耳は見当たらず、真ん中に黒いビー玉のような物があるだけだった。

黒いビー玉はまるで瞳のようで、恐怖に固まる上条さんをじっと見下ろしていた。

そいつは口もないくせに、ピェ～、ピェ～と悲しそうに鳴いていた。

それだけでも十分恐ろしいが、もう一つ堪らないのがそいつの臭いだ。

上条さんに言わせるとそれは、動物園の臭さを何倍にもしたレベル、だそうだ。

ピェ～と鳴きながら、一つ目の毛むくじゃらは上条さんに顔を近付けてくる。

上条さんは大きな叫び声を上げながら、マットから飛び起きた。

他の女子生徒達も、何人もが同じように恐怖の叫び声を上げながら、マットから起き上がった。

上条さんが他の同級生達の話を聞くと、彼女達も同じように金縛りになり、目の前にピェ～と鳴く毛むくじゃらの顔が現れたのだという。

しかも彼女達も、怖さのあまり寝る前に上条さんを含む他の生徒に話しかけようとしたが、自分以外はみんな早々に寝てしまっていたらしい。

「はい、皆さんおはようございます！」

生徒達の殆どが金縛りと毛むくじゃらの顔の話題で騒いでいると、小ホールのドアを開けて女の先生が入ってきた。

先ほどまで夜中だと思っていたら、いつの間にか起床時間になっていたのだ。


その後、たくさんの男子生徒達も、同じような現象に遭遇していることが分かった。

上条さん達は先生にそのことを訴えたが「校長先生が寝る前にあんな話をしたから、みんなで同じような怖い夢を見たのね」と軽くあしらわれてしまった。

それでも生徒達が騒ぐものだから、朝食の時間に校長先生がわざわざ、昨晩の小鹿の話は自分が即興で作ったウソの話だと笑いながら説明した。

だが、金縛りに遭った殆どの生徒達は心の中で納得していなかった。

もちろん、上条さんも。

「あの毛並み、黒い瞳、鳴き声、そして獣臭さ。絶対に夢なんかじゃありません」

十年以上経った今でも、あの金縛り時の恐怖は忘れないという。

更にもう一つ、不思議なことがあったと上条さんは言う。

全員が朝食を食べ終わると、お泊まり会は終わって解散になった。

上条さんが会館の正面玄関から出ようとするとき、小鹿の剥製を見た。

しかし、ケースはあるが、昨日見たはずの中身の小鹿の剥製だけが消えていた。

子供ながらに上条さんは「このタイミングで何故？」と思ったそうだ。

そのことを先生に聞く生徒もいたようだが、分からないという回答しか得られなかった。

そして十年以上経った今も、会館玄関には空のケースだけが置かれているという。

青い魚

もうすぐ還暦を迎える清美さんは四十年以上前、バスガイドをやっていた。

その頃、まだ経験の浅かった清美さんは、ある男子校の春の修学旅行を担当した。

それほど年齢の違わない大勢の男子達を前に、清美さんは緊張しながらバスガイドを務めたという。

旅行二日目、パーキングエリアで休憩中、清美さんは先輩ガイド達から頼まれた買い物のために、一人で売店に入った。

そして買い物を済ませて店を出るときに、背後から声を掛けられた。

振り向くと、担当しているバスに乗っていた男子生徒の一人だった。

男子生徒は、ピシッと背筋を伸ばして清美さんの目をまっすぐ見つめ「一目惚れです、付き合ってください！」と告白してきた。

男子生徒の突然の直球勝負に清美さんは頭が真っ白になり、何も答えられなかった。

清美さんは当時、まだ男性と付き合った経験がなかったのだ。

男子生徒は水泳部で背も高く、逞しい体格をしていた。

清美さんは恥ずかしさと怖さが入り混じったまま、その後も続いた生徒のゴリ押しに負けて自分の住所を教えてしまった。

「電話は、電話番号だけは勘弁してください。お手紙をください、必ずお返事を書きますから」

清美さんは最後にそれだけ言って、その場では何とか生徒を納得させた。

「ありがとうございます。お手紙、必ず書きます！」

生徒は深々と頭を下げると去っていった。

その後、暫く動揺していた清美さんは仕事中に小さなミスを繰り返し、何度も先輩達に怒られたという。


旅行が終わり、暫くすると清美さんの家に一通の手紙が来た。

あの水泳部の男子生徒からだった。

手紙を見ると、まずはパーキングエリアでの非礼を詫び、暫くは文通をしていただけませんか、という内容だった。

清美さんは複雑な思いだったが、せっかく丁寧な手紙を送ってくれたのだからと、文通を続けることをＯＫした。

「本当だったら、あの時点ではっきりお断りしておけばよかったのよ……」

清美さんは話している途中で後悔の念を打ち明けた。


最初の数通はお互いの詳しい自己紹介や、住んでいる場所の話など他愛のない内容だった。しかし、生徒の手紙が次第に、電話をしたい、声を聞きたい、直接お会いしたい、と攻めてくる内容になってきた。

そしてあるとき、手紙だけでなく贈り物も一緒に届いた。

それはガラスケースに収められた、陶器の和人形。

精巧に作られた着物美人の陶器人形は、男子生徒の地元の名産品で高価なものだった。

文通をしている生徒の存在を知っていた清美さんの家族達も「こんな高価な物を贈ってくれるほど惚れているのだから、一度くらい会ってみたらどうだ？」と他人事のように彼女に言ったという。

更に母親は、喜んで陶器人形を居間に飾る始末。

だが、清美さんはどうしても男子生徒と交際する気にはなれなかった。

その当時、まだ清美さんは男性と交際をしたいという気持ちが全くなかったのだ。

人形が送られてきた後、清美さんはすぐに男子生徒に〈申し訳ないが交際する気はない、文通はこれで終わりにしてください〉という内容の手紙を送った。

以来、男子生徒からの手紙は来なくなった。


それから数カ月経ったある日、居間のテレビでニュースが流れた。

地方の海の遠泳大会で、一人の少年が競技中に行方不明になったというのだ。

行方不明になった少年の学校名も名前も、清美さんが文通をしていた男子生徒と完全に一致していた。少年の手紙にも、地元の海で泳ぐのが好きだとよく書かれていた。

ニュースが終わった後、居間にいた清美さんとその家族の前で、飾られていた陶器人形が突然、ピシリと音を立てた。人形にはそのままゆっくりとヒビが入り、最後には粉々なって崩れ落ちた。

ガラスケースの中では、砕けた人形の破片に混じって、透明な液体と一匹の小さな青い魚が横たわっていた。液体は海水のようで潮の香りがした。

青い魚は死んでいたが、不快な生臭さは発しておらず、身の締まった身体は先ほどまで大海原を力強く泳いでいたようにさえ思えた。

清美さんは、青い魚を優しく両手で抱え上げた。

「そんなに私と会いたかったの？」

清美さんは魚を抱きながら、跪《ひざまず》いてずっと泣き続けていた。


その後、男子生徒の遺体は見つからないまま、捜索は打ち切られた。

清美さんとその家族は、青い魚、生徒からの手紙、壊れた人形、それらの全てについて事情を菩提寺に話した上で、お焚き上げをしてもらったという。

今でも、人形の中から青い魚が現れた日になると、清美さんは毎年欠かさず菩提寺に足を運んでお参りをしている。

セミの鳴き声

古川さんが通勤に使う最寄り駅の端には、大手銀行のＡＴＭがあった。

古川さんは通勤のたびにそのＡＴＭの前を通るのだが、もう少し駅の改札寄りにあればもっと便利なのになぁ、といつも思っていたという。

数年前のある日、古川さんがいつものように出勤のために駅に行くと、ＡＴＭの前に一人の若い男性警官が立っていた。

八月に入り、暑さがピークを迎える中、警官はほぼ直立不動の姿勢で立っている。

その日は朝とはいえ、気温はもう三十度近くあった。

警官が立っているのは何か犯罪があったか、それとも特殊詐欺を防ぐためか？

「仕事とはいえ、朝から御苦労なことだ」

古川さんは、感心しながら改札に入った。

夜の七時頃、古川さんが仕事を終えて駅の改札を出た。

ＡＴＭの前を通ろうとすると、朝立っていた若い警官がまだそこにいた。

「まさか朝からずっと一人で立っていたんじゃあるまいな。十時間は過ぎているぞ」

警官は朝と同じく、背筋を伸ばしてまるでＡＴＭの守護者のように起立している。

その時点でも、気温は三十度を超えていた。

「今夜もまた熱帯夜か」

古川さんは、うんざりしながらＡＴＭの前を通る。

その際、暑い中に頑張る警察官に敬意を込めて軽く会釈をした。

すると、それに気付いた警官が一瞬、驚いたような表情を見せたという。


その日から、駅のＡＴＭの前には朝から晩まであの若い警官がずっと立っていた。

「誰か交代する者はいないのか？　警察官不足というのは本当なんだな……」

古川さんは仕事熱心な警官に朝晩、「お疲れ様です」と挨拶をした。

すると警官は毎回、挨拶をされるたびに少し驚いたような顔をした後、敬礼を返した。

「公務員だから、飲み物とか差し入れてはいけないのだろうな」

古川さんはいつしか朝晩ともに頑張る若い警官のことが、ずっと気になっていた。


八月の終わりの、ある夜のことだった。

その日、古川さんは残業で帰りが夜の十一時を過ぎていた。

ただ、そんな時間にも拘わらず、この日はセミの鳴き声がやたらと辺りに響いていた。

「セミって、夜にこんなに鳴くものだったか？」

猛暑のせいで滝のように流れる汗を、古川さんはハンカチで拭いながら改札を出た。

そしてＡＴＭに近付いたとき、こんな時間にも拘わらずあの若い警官は立っていた。

「仕事熱心にも程がある。幾ら市民のためとはいえ、働き過ぎだ……」

古川さんは改札側に戻ると自販機で冷たい缶コーヒーを買い、再び警官の元に向かった。

その間にもセミの鳴き声は大きくなり、暑さと重なって古川さんを不快にさせた。

「いつもお疲れ様です。本当はいけないのでしょうが、どうぞ飲んでください。この暑さでは、幾ら鍛えている警察官でも大変でしょう」

そう言って、古川さんは立っている警官にコーヒーを差し出した。

すると、若い警官はまた驚いた表情で古川さんを見て小さな声で言った。

「あなただけだ、話しかけてくれる人は」

警官の顔がどんどん黒くなって、表情が見えなくなっていく。

「私はいつまで、ここに立っていればよいのでしょうか？」

警官の顔はもう見られなかったが、恐らく泣いている――と古川さんは思った。

「もう、休んでいいのですよ」

古川さんがそう言った途端、うるさいくらいに鳴いていたセミの声がパタッと止んだ。

警官の顔は黒いままだったが、彼はピシッと背筋を伸ばして古川さんに敬礼した。

「お疲れ様でした」

古川さんは、若い警官に深々と頭を下げた。

そして頭を上げると、警官は消えていた。

警官が立っていた辺りには、たくさんのセミの死骸が落ちていた。

古川さんは以前、この辺りで若い警察官が暴漢に刺殺されたのを思い出したのだ。

曇りガラス

友人の後輩、正也君は大学卒業後、ある中堅企業に就職した。

しかし、その会社は一年も経たないうちに倒産、正也君はすぐに無職になった。

とんだ悲劇に見舞われた正也君、両親は一度実家に戻ってこいと言ってくれたが、憧れの東京一人暮らしを止めたくないため、とりあえずどこでもいいから働いてその合間に就職活動をすることにした。

ハローワークに行きパソコンでいろいろ検索していると、ちょうど区役所の短期契約社員を募集していた。

区役所と言っても出張所で、彼の住んでいるアパートから近い。

待遇はそれなりだが業務内容もそれほど難しそうでなく、残業も殆どないらしいので、正也君はすぐに面接を申し込んだ。

その後はあっという間に採用が決まり、暫くその出張所で働くことになった。

パソコンが得意な正也君は、出張所の仕事に慣れるのには、それほど時間は掛からなかった。またハヤカワさんという正規の公務員男性とも仲良くなった。

きっかけは、同じスマホのゲームをプレイしていたことだった。

二人は休み時間になると建物の最上階にある自販機コーナーで飲み物を飲みながら、ゲームについて話をし、協力プレイなどをして遊んでいた。

自販機コーナーのある最上階はいつも薄暗く陰気な雰囲気が漂っていたので、他の職員は飲み物を買うとすぐにそこから去っていく。

だが、落ち着いてゲームをしたい二人にとって、それは好都合だった。


ある激しく雨の降る日、いつものように正也君とハヤカワさんは自販機コーナーで飲み物を飲みながらスマホゲームに熱中していた。

ガンガンガン、ゴン!!

突然、屋上へと出る鉄製の扉が、外から激しく何度も叩かれたように音を立てた。

びっくりした正也君は、ゲームを中断して扉を見た。

「そういえば正也君は初めてだったたか、この扉のこと」

ハヤカワさんは少し意地悪な笑みを浮かべた。

頑丈そうな鉄製の扉には、曇りガラスの張られた大きめの窓がある。それはちょうど、立っている人間の顔の位置辺りにあった。

「その曇りガラスの窓、以前は普通の透明なガラス張りだったらしい。だから、そこから外を見ることができたそうだ」

　ハヤカワさんは、そう言って扉に近付く。

「扉の外、誰か立っているだろう？」

　正也君も扉に近付いていて、曇りガラスを覗き込む。

　すると曇りガラスのせいではっきりと見えないが、人の顔のような輪郭が見えた。

　確かに扉の外、激しく雨の降る屋上に誰かが立っている。

「アイツ、何ですか？」

　正也君が少し怯えながら聞くと、ハヤカワさんは首を横に振った。

「分からない、だけど現れるのは今日みたいな雨の日だけ。今は辞めた先輩が、以前、ガラス越しにアイツを見たことがあるらしい。男とも女とも、人間とも分からないものがこちらを覗いていたらしいよ。他の職員達も怖がってね。だからあるとき、窓を紙で塞いだんだ、アイツが見えないように。そうしたら叫ぶんだよ、アイツが。この世のものとは思えない気味の悪い大声で……」

　ハヤカワさんはそこまで話すと、持っていたコーヒーを一気に飲み干した。

　そして、正也君に対して更に話を続ける。

叫び声は出張所全体に響き渡り、職員はもちろん、サービスを受けに来た区民達の耳にも入ったという。

区民達からは雨の日に聞こえる、あの気味の悪い叫び声は何なのか？　という苦情が入る。

そこで当時の上役が苦し紛れに、扉の窓を曇りガラスに変えたら、叫び声は収まった。

ただ、雨の日にアイツは扉の外に立ち、時々扉を激しく叩くのだけは止めなかった。

自販機コーナーに、他の職員が殆ど近寄らない本当の理由はこれだった。

「まあ、雨の日以外には絶対に現れないから安心だよ。よし、休憩終了だ」

ハヤカワさんは、空のコーヒー缶をゴミ箱に捨てると先に階段を下り始めた。

正也君も慌ててそれに続いたが、その際、チラリと屋上扉のほうを見た。

曇りガラスの奥にはまだ、人の頭のような物が見えた。

正也君にはアイツが、自分をじっと見つめているようで気味が悪かった。

それから暫くは晴れの日が続き、屋上扉の外にアイツが現れることはなかった。

アイツの存在を知った当初、正也君は自販機コーナーに行くのを躊躇っていたが、ハヤカワさんはまるで平気だった。

出張所の入っているビルに、大の大人二人が落ち着いてスマホゲームをプレイできる場所は、最上階の陰気な自販機コーナーしかない。

「だから雨の日じゃなければ、アイツは出ないから大丈夫だって」

ハヤカワさんに何度もそう言われ、実際にそうだったため、正也君は再び自販機コーナーに行くようになった。

扉の外のアイツの存在はまだ怖かったが、ハヤカワさんという貴重な協力プレイヤーを失いたくもなかったからだ。


それから暫く経ったある日の昼休み、正也君は一人、自販機コーナーでスマホゲームをプレイしていた。

その日、ハヤカワさんは休みだった。

ゲームに夢中になっていた正也君は、にわか雨が降り始めたのに気付かなかった。

ガンガンガン、ゴン‼

突然の騒音に驚いた正也君はビクッと大きく身体を震わせ、その勢いでスマホを床に落としそうになった。

ガンガンガン、ゴン‼

屋上扉を外から激しく叩く音が、久しぶりに自販機コーナーに響き渡る。

曇りガラスを見ると、アイツのシルエットが映っているのが見える。
ガンガンガン、ゴン!!
扉を激しく叩く音とともに、いきなり扉から手と足が飛び出してきた。
太めの腕と裸足の大きい足は、すぐに扉に引っ込んで消えた。
その光景を見た正也君は、今度は本当にスマホを落とした。
ガンガンガン、ゴン!!
また扉を通り抜けて腕と足が現れ、すぐに引っ込む。
腕で三回叩き、足で一回蹴る、扉の外にいるアイツの手足なのだろう。
腕や足は肌の質感からして、女性のように思えた。
曇りガラスに映るアイツのシルエットがフラフラと揺れている。
「アイツの顔まで扉を貫通して飛び出してきたら!?」
手足だけでも十分怖いのに、これ以上は勘弁だ。
正也君は急いでスマホを拾うと、その場から逃げるために階段を駆け下りた。
ガンガンガン、ゴン!!　ガンガンガン、ゴン!!
彼の背後では、雨の中、アイツが扉を延々と叩き続けていた。

翌日の昼休み、正也君とハセガワさんは珍しく出張所近くのファミレスにいた。

晴れてはいたが、正也君は二度と自販機コーナーに行きたくなかった。

そして彼は、ハセガワさんに昨日の出来事を話した。

「にわか雨、降ってきちゃったか～。それでまたアイツが現れたと」

ハセガワさんはスマホ片手に笑いながら言った。

「まさか、扉から手足が飛び出してくるなんて！　アイツ、そのうちこちら、自販機コーナーのほうに入ってきてしまうのでは……」

恐ろしかった正也君は、深刻な表情で身を乗り出すように訴える。

「うん、多分、あと一年くらいで建物内に入ってくると思うよ」

ハセガワさんは、怖いことをさらりと当たり前のように言う。

「どうして、そんなことが分かるのですか？」

ハセガワさんは、まあまあと身を乗り出す正也君を片手で制しながら話を続ける。

「俺がここに勤め始めた三年前、その時点で屋上扉が叩かれた際に飛び出てくるのは、せいぜいアイツの手先や足の爪先だけだった。しかし時間が経つにつれ、手の甲と足の甲、そして前腕と脛《すね》、といったようにこちら側に飛び出してくる部分が増えてきた」

それを聞いて正也君は、アッと小さく声を上げて悟った。

「そう、雨の日のアイツは少しずつ扉をすり抜け、こちらに入ってこようとしているみたいだ。ずっと観察してきた限り、あと一年くらいでアイツは完全に自販機コーナーに入ってくる。何が目的かは分からないが、今から少しでも雨の日が減ることを祈るしかない」

ハセガワさんはアイスコーヒーを一気に飲み干すと、またニヤリと意地悪そうに笑う。

正也君は返す言葉がなかった。

曇りガラスに映るアイツも怖いが、その動向を三年前から詳細に観察しているハセガワさんも不気味だった。

その後、少しして正也君は出張所の仕事を辞めた。

ハセガワさんは、アイツがこちら側に完全に飛び出したら、その姿を撮影して写真を送ってくれると言ってくれたが、正也君は断ったという。

余り物

現在、都内で自分の会社を経営する優衣さんから聞いた話。

それは元号が昭和から平成に変わる少し前の出来事だった。

当時、優衣さんの実家はなかなか裕福で、町の中心に豪邸を構えていた。

そして広い敷地内には、母屋とは別に離れ屋敷もあったという。

そこは町の人々のために開放されており、行事の取り決めや会議、講習会や相談会、時には小規模な冠婚葬祭のために使われていた。

離れ屋敷の管理は優衣さんの祖母と母親が行っており、優衣さん自身も幼い頃からよく手伝いをさせられた。

「掃除はもちろん、利用しているお客様へのお茶出し、お弁当やお菓子を運んだり行事やイベントに必要な物を用意したり。忙しかったけど何だか大人達の仲間入りをしたみたいで楽しかったですよ」

優衣さんは当時をそう振り返る。

「ただ、一回だけそこで凄く怖い思いをしました。それは今でも忘れられません」

優衣さんはそのことを思い出したのか、少し震えながら話をしてくれた。

「キャンセルで余ったお弁当やお茶、或いは間違って多く出してしまった余計なそれらは早々に席から持ち去ること」

離れ屋敷でお手伝いをしていると、祖母は毎回のように優衣さんに言う。

「余った物を、置きっぱなしにしたらどうなるの？」

優衣さんが祖母に訊ねると、彼女は少し怖い顔をして、

「それこそ余計な客が来てしまう。お茶とかお弁当を自分の物だと思って。もうこの世の住人ではないくせにね」と低い声で静かに言う。

それを聞いてゾッとした優衣さんは、余り物はすぐに回収するようにした。

実際、大人数の集まりがあると、予定通りの人数が揃うときのほうが少ない。

大抵は一人二人、キャンセルや早退する客が出るものだ。

そういった話が入ると優衣さんの祖母と母親はお弁当やお菓子はもちろん、お茶は注いでいようがいまいが湯呑みも全て素早く片付ける。

また、途中退席した人が出たときも同様、即回収だった。

ただし、途中退席の場合はお茶でもお弁当でも、お客様が一口でも口を付けていれば、

とりあえずは問題ないらしい。

そして、優衣さんもそれに倣ってキャンセルや途中退席があると、お弁当やお茶をすぐ片付けるのが習慣になっていた。

「まあ結局、口を付けてあろうがなかろうが片付けることになるのですが。ただ大人になって、そんな習慣があるのはうちだけだと知ったときは少し驚きました。でも確かにあの離れ屋敷では、やってはいけないことだったのです……」


それは優衣さんが高校生になった頃の出来事。

幼い頃から手伝っていたせいか、離れ屋敷での仕事は大体分かっていた。

ある週末の午後、離れ屋敷で小さな会合が行われた。

人数は八人で、すぐ終わるというので出すのはお茶だけでよかった。

しかし、その日に限って優衣さんはミスをしてしまった。

祖母や母親がいなかったので、緊張の糸が緩んでしまったようだ。

いつもだったら、会場のほうをちょくちょく覗いて途中退席した者がいないかチェックをするはずだった。

もしいたら、テーブルに残されたお茶などをすぐに片付けなければならない。

だがその日、優衣さんは友達から借りたマンガ本を読みながら仕事をしていたため、いつものチェックを怠ってしまった。

「どうもお世話になりました～」

会場のほうから声が聞こえた。

台所でマンガに夢中になっている間に、会合が終わってしまったのだ。

「あっ、お疲れ様です！」

優衣さんは慌てて会場に向かう。

利用者の人々が玄関で靴を履いている。

その数、七人。

「○○さん、急用でお茶も飲まずにすぐ帰ってしまったよ。代わりにごめんね」

会合の代表者が手を振って優衣さんに挨拶をし、他の人達も帰っていった。

会場には優衣さんと、一人の黒い着物を着た女性だけが残った。

着物の女性はもちろん、急用で帰った○○さんではない。

女性は、口を付けていないお茶の置かれたテーブルの前で、正座をしていた。

そして無言のまま、顔を下に向けている。

綺麗に結われた黒髪は、時代を感じさせた。

着ている黒い着物は、きっと喪服だろう。

「この世の住人ではない、余計な客が来てしまう」

優衣さんは着物の女性に震えながら、祖母の言った言葉を思い出した。

「あの……皆さんお帰りになりましたよ」

優衣さんは、恐る恐る喪服の女性に声を掛ける。

しかし、女性は何も答えず顔を見せないように頭を下げたままだ。

困った優衣さんは、女性の前にあるお茶を静かに下げようとした。

女性の右手がスッと伸びてきて、湯呑みに触れる前に優衣さんの右手首を掴んだ。

「つめたっ!!」

女性の手は、まるで氷のように冷たかったという。

あまりにも冷たくて優衣さんは、手首を掴まれたままその場に膝を突いた。

「それは私のでしょう?」

女性は頭を下げたまま小さな声で言う。

「離して!」

優衣さんは必死で手を振りほどこうとするが、女性の腕は万力のような強さで彼女の手首を掴んだまま離さない。

「これ、飲むよ」

突然、喪服の女性の横に小柄な坊主頭の少年が現れ、その細すぎる手で湯呑みを持つと中のお茶を一気に飲み干した。

少年の着ている着物は粗末でボロボロ、身体はガリガリに痩せていて、まるで子供の骨格標本が立っているようだった。

それに気付いた喪服の女性は優衣さんの手を離すと、痩せた少年に掴みかかった。

女性の顔は左頬の肉が削げて、歯と顎の骨が見えていた。

坊主頭の少年に女性が覆いかぶさるようになった瞬間、二人は消えた。

湯呑みのお茶はなくなっていた。

優衣さんは痺れる右手首を押さえながら、暫くその場に座っていた。

そして急に怖さが爆発し、大きな悲鳴を上げて離れ屋敷から逃げ出した。

後日、優衣さんが祖母にそのことを話すと特に怒られもせず、それ以降は離れ屋敷の仕事は手伝わなくてもよくなった。

更に少し経って離れ屋敷は突然、閉鎖された。

それから二十年以上経った。

優衣さんの実家の離れ屋敷は健在だが、現在も施錠されたままで使われていない。

数年前、優衣さんの父親が亡くなったのを契機に、彼女の弟夫婦が半ば強引に離れ屋敷をリフォームし、少しの間だけ住んでいたことがあったらしい。

弟嫁の「和風な雰囲気が素敵」という理由だけで。

少し前に亡くなった祖母も含め親族は皆、そこに住むのを止めたという。

だが、元々身勝手な性分だった弟とその嫁は、話を聞かずに強行した。

そして住み始めてから、弟の事業がいきなり傾き、飼い犬が死に、嫁が自動車事故を起こし、友人から借金を踏み倒され、弟夫婦がお互い浮気をしていることが発覚した。

ジェットコースターのような怒涛の展開の後、弟夫婦は離れ屋敷を始め、様々なことを放置したまま行方をくらました。


「弟達が消えたとき、〈あれぐらいで済んで儲けものだった〉と祖母は言っていました。あそこには私が見た喪服の女性や痩せた少年以外にも、たくさん住んでいるそうですから」

優衣さんは複雑な表情で話を終えた。

ユリとエリ

若くして都内で居酒屋を開いたヒロさん、彼には大切にしている一枚の写真があった。

その写真は彼が以前、よくお世話になっていた風俗嬢から貰った物らしい。

ヒロさんは高校を卒業してすぐに幾つもの飲食店でバイトを掛け持ちし、夢である自分の店を持つためのノウハウと資金を貯めていた。

ハードな毎日を送るヒロさんの唯一の楽しみは、月一回の風俗通い。

年上が好きなヒロさんは、ベテラン女性が所属するお店の常連だった。

そのお店でヒロさんが本指名していたのがユリさん。

推定年齢三十代前半、おっとりとした感じの優しいお姉さんだった。

日頃、己の夢のためにガツガツと突進しているヒロさんにとって、全てを包み込むようなおおらかさを持つユリさんは、正にオアシス的存在だった。


ある日、いつものようにヒロさんがユリさんにサービスをしてもらった後のことだ。

「いつも本指名、ありがとうございます。お礼と言ってては何ですけど……」

ユリさんは、一枚の写真をヒロさんに手渡した。

L版サイズの写真に写っているのは何と、全裸のユリさん。

だが、それはユリさんを実際に撮影した写真ではなく、彼女をモデルに描かれた精巧な油絵、いわゆる裸婦画というもので、それをプリントアウトした物だった。

ユリさんの顔の表情から身体の膨らみや線までが緻密に描かれており、下手な写真よりも艶めかしい。彼女の話によると、別れた元夫が描いてくれた物らしい。

「ヒロさんは大切な常連さんだから、いつもそばに置いてほしいです」

ユリさんは、少し恥ずかしそうに視線を下に落としながら言う。

ヒロさんはユリさんからの贈り物を嬉しいと思う反面、以前、彼女と結婚していた男性がいたことに少し嫉妬を覚えたという。

ヒロさんはアパートに帰ると早速、ユリさんの裸婦画を取り出した。

写真立てみたいな洒落た物を持っていない彼は、やや乱暴だが両面テープを使って裸婦画を壁に直接貼り付けた。

「よし、またユリさんに会うまでは、これを見て頑張るぞ!!」

ヒロさんは壁に貼られた全裸のユリさんを眺めながら自分を鼓舞し、ベッドに入った。

その晩のこと。夜中にヒロさんは、妙な感覚を覚えて目を覚ました。

一度寝たら、いつもは朝までグッスリ眠る彼には珍しいことだった。

薄暗い部屋の中、スマホで時間を確認するとまだ夜中の三時前。

妙な感覚とは、視線だった。

その突き刺すような視線は、ヒロさんの寝ているベッドの左側から感じられたという。

ベッドの左側には、テーブルを挟んで壁がある。ユリさんの裸婦画を貼った壁だ。

ヒロさんは、薄暗い中で明かりを点けずに視線を感じる壁のほうを見た。

そして思わず彼は、ひぇっと情けない声を上げてしまった。

壁に貼られた裸婦画、その後ろに女の顔があった。

ショートカットの若い女の顔で、ヒロさんの知らない人物だ。

女の顔の右半分はユリさんの裸婦画に隠れており、左目だけでヒロさんのことをじっと無言で見つめている。

いや、裸婦画は壁に貼られているのだから、実物大の女の顔が隠れているのではない。壁に女の顔が浮かび上がり、その右半分がユリさんの裸婦画に隠れて見えない状況だといったほうが正しいだろう。

更に女の左目が瞬きをするのを見て、ヒロさんはまた声を上げそうになった。

「何だよ、あの女。ユリさんの後ろで……」

ヒロさんは、一か八か部屋の照明を点けようとした。

明るくなれば壁の女は消えてくれるのでは、と思ったのだ。

しかし、消えてくれなかったら？

明るい中で壁に浮かんだ、得体の知れない女の顔と対峙することになる。

ヒロさんがベッド上で恐怖に固まっていると、今度はアパートの入り口付近に何か別のものが立っていることに気が付いた。

「今度は入り口かよ。何であんなのが俺の部屋に⁉」

ヒロさんが動揺するのも無理はない。入り口付近でぼうっと僅かな光を放ちながら立っていたのは、メイド服を着た女の後ろ姿だったからだ。

メイド服の女は静かに、だが微かに肩を震わせながら無言で立っている。

「一晩に二体も変なのが現れるって……どれだけ俺は呪われてんだよ！」

恐怖を通り越して半ばヤケになったヒロさんは立ち上がって、メイドに近付いた。

そしてメイドの肩に手を置いたとき、ヒロさんは気が付いた。

「これはユリさんだ……」

髪形や背格好、肩に触れた感じ、そしてこの服、間違いなくメイドはユリさんだった。

以前、風俗店で彼女がこのメイド服を着てサービスをしてくれたことがあった。ヒロさんにはそういう趣味はなかったが、新鮮だったのは覚えている。

しかし、何故彼女が自分のアパートに?

「ユリさん、ユリさんなんだろ。どうしてここに来たの?」

だが、メイド服を着たユリさんらしき女は何も答えず、振り向きもしない。

「何か、話したいことでもあるのかな」

冷静さを少し取り戻したヒロさんは照明を点けた。

その瞬間、後ろ姿のままメイド服のユリさんは消えた。

ヒロさんは、しまった! と自分の行為を悔やんだ。

壁のほうを向くと、裸婦画の後ろにはまだショートカットの女の顔が、左目だけでヒロさんのことを見つめていた。

「お前は余計なんだよ!」

ヒロさんが怒鳴ると、壁の女は無表情のまま、スッと消えた。

今のヒロさんにとっては、壁の女なんかよりも何故夜中にユリさんが自分の部屋にメイド服姿で現れたのか? ということのほうが重要だった。

翌日、ヒロさんはユリさんの勤める風俗店に予約の電話を掛けた。

ユリさんの身に何か起こっていなければいいが、と思いながら。

その心配に反して、通常通りにユリさんの予約を取ることができた。

だが、予約時間の一時間程前になって店から電話が掛かってきた。

ユリさんは生理が始まってしまい、お相手ができないと。

その後、ヒロさんは何度もユリさん指名でお店に電話をしたが、予約が全部埋まっている、体調が悪い、急遽休みになった等々と彼女と会うことができない。

「もしかして俺は、ユリさんにとってＮＧ客になってしまったのか？」

あまりにも予約が取れないので、焦るヒロさんの頭にはそんな不安がよぎる。

またその間にも、夜になるとユリさんの裸婦画で顔の右半分を隠した、ショートカットのあの女は何度も壁に浮かび上がり、瞬きをしながらヒロさんを見つめていた。

しかし、メイド姿のユリさんはあの夜以来、一度も現れなかった。

ある夜、何回も見ているうちに大分恐怖心の薄れてきたヒロさんは、試しに壁の女に話しかけてみた。

「なあ、お前。ユリさんの知り合いか？　ユリさんのこと、何か知らないか？」

だが、女はただ瞬きをするだけで何も答えてくれはしなかった。

メイド姿のユリさんと、壁の女がヒロさんのアパートに現れた夜から二カ月が過ぎた頃、現実のユリさんが店を辞めたと電話口でスタッフから聞かされた。

ヒロさんは失恋をしたように落ち込んだ。いや、正に大失恋だった。

高校を卒業してから数年間、今まで一度も欠勤したことのないバイトも全て休んで、家のベッドでユリさんのことを思い出しながら、鬱々《うつうつ》と過ごす日々が続く。

「所詮、あちらはビジネス。こうなるのは分かってはいたけどよ……」

唯一の気晴らしは、ユリさんの裸婦画の後ろに現れる、あの顔の右半分が隠れた女。

ユリさんが退店してから、女の顔は毎日のように現れるようになった。

ヒロさんは、その女を何となくエリと名付けた。

ヒロさんは夜、エリが現れると寝たまま色々なことを話しかけた。

自分はどうしても三十歳前に経営者側になりたい、だからバイトを三つも掛け持ちしている。その中で時間を作ってビジネス関連の本を読み、時にはセミナーに通っている。

そして多忙な日々の中で、ユリさんの存在は唯一にして最高の癒やしだったことも。

しかし、ヒロさんが幾ら自分の夢やユリさんについて話しかけても、顔左半分しか見せないエリは、たまに瞬きをするだけで相変わらず何も答えない。

それでも孤独だったヒロさんにとって、エリはだんだんと重要な存在となっていった。

反論も否定もせずに、自分の夢も愚痴も悩みも淡々と聞いてくれる女性。

たとえ、それが壁に現れた異形の存在だとしても。

ヒロさんがバイトを休み、アパートに引き籠もって一カ月が過ぎた。

その頃になるとエリは昼夜関係なく、壁に浮かび上がっていた。

失恋の痛みもかなり和らいできたので、ヒロさん自身そろそろ社会復帰しないとマズいと思い始めた頃だった。

「エリ、そろそろバイトを再開するよ」

ヒロさんはゆっくりとベッドから立ち上がると、いつものようにエリに話しかけた。

「そこでお願いがあるんだけど……」

ヒロさんはそう言いながら壁のエリに近付いた。

「一度、君を触らせてほしい」

ヒロさんの手がエリの顔に触れようとしたとき、初めて彼女の顔が強張ったような表情を見せた。明らかに嫌がっている様子だった。

「ごめん、触らないよ」

エリの表情を察して、ヒロさんは触るのを止めた。

するとエリは急に頬を膨らませた後、フーッと息を吹いた。その勢いでユリさんの裸婦画が剥がれて床に落ちた。

エリの顔右半分が初めて現れた。

ヒロさんは今まで隠れていた、エリの顔の右半分を見て言葉を失った。

エリの右目の周りは病気か事故かは不明だが、広範囲にドス黒く染まっていた。

生きている人間だったら、隠さずに表や人前に出るのは勇気がいることだろう。

いや、たとえ異形でもこの顔を他者に見られるのは辛いことかもしれない。

若い女性なら尚更だ。

「ごめん、知らなかったよ。エリが何故顔の右側を……」

ヒロさんは謝りながら再び裸婦画を貼り付け、エリの顔右半分を隠した。

「俺だけ一方的に、ウジウジしたことばかりボヤいてすまなかった。もう二度と弱音を吐かないし、君に触れようともしないよ」

エリはいつも通り無表情のままヒロさんの宣言を聞いていた。

そして、暫くの間ヒロさんを見つめた後、いつも通りに無言で消えた。

それを見届けると、ヒロさんは気合いを入れるために熱いシャワーを浴びに行った。

エリはその日以来、二度と壁に現れなくなった。

短期間に二度の大失恋をしたヒロさんだったが、夢への歩みを止めはしなかった。

その後もバイトの掛け持ちと経営者としての勉強も続け、数年後の二十代後半でヒロさんは都内に自分の店を持つことに成功した。

店の経営状態も順調で、現在は二号店を出す計画中らしい。

そしてユリさんの裸婦画は今現在住んでいるマンションに、きちんと写真立てに入れて大切に飾ってあるという。

ユリさんが裸婦画をくれた真意は？　何故、あの夜にメイド姿で現れた？　そして裸婦画を貼った壁に現れたエリの正体とユリさんとの関係性は？

全ては、今でも分からないまま。

だが、ヒロさんは「そんなことはどうでもいい」という。

短い間だったけど二人の恋人が自分を支え、成功に導いてくれたことが大切なのだと。

弁当箱

鍼灸師の八巻先生が少し前に勤めていた整骨院で体験した話だ。

当時、彼女には常連の男性患者がいた。

その男性は整骨院の近くにある会社のサラリーマンで、名前は高橋さん。

三十代前半くらいの活発で爽やかな男性の高橋さんは、八巻先生に対して明らかに好意を抱いていたらしい。

高橋さんは会社を終えるとほぼ毎日、整骨院で八巻先生の施術を受けていたという。

施術中、先生に気のある高橋さんはベッドに横たわって施術を受けながら、遠回しに彼女にいろいろとアプローチを仕掛けてくる。

そんな高橋さんを言葉巧みにいなしながら、先生は黙々と施術を行う。

そんなやりとりが半年以上続いていた。

高橋さんはいい人だが、八巻先生にとってはあくまでも患者の一人だった。

「高橋さん、若いからって仕事も遊びも無理しないでください。私の見立てによると内臓、特に肝臓が悪いみたいです。一度病院で検査されてみては？」

ある日、先生が高橋さんの身体を心配してアドバイスをしたが、彼は「大丈夫ダイジョーブ、先生の施術を受けていれば無敵ですよ」と笑ってガッツポーズを取るだけだった。

それから間もなく、高橋さんは整骨院に来なくなった。

整骨院に通う高橋さんの同僚の話によると、彼は最近急に体調を崩して今は会社も休んでいるらしい。

「あれほど養生しなさいと言ったのに」

高橋さんのアプローチは少々ウザかったが来なくなると寂しいし、何よりも自分の担当していた患者の病状が心配だった。

それから数日後。八巻先生が一人整骨院で溜まった書類仕事をし、それを終えて裏口から帰ろうとしたときだった。

裏口の鍵を閉め、後ろを振り向くと誰かが立っていた。

先生は驚いたが、立っていたのは高橋さんだと分かり、少し安心した。

しかし、今の高橋さんは以前のような活発さはなく、顔色も土気色だった。

「先生、御無沙汰していました」

高橋さんは頭をかきながら笑って言った。

「高橋さん、体調を崩されたのですって？　こんな所にいて大丈夫ですか」

先生が心配しながら言ったが、高橋さんはそれを無視して何かを差し出した。

それは薄緑色の小さな風呂敷に包まれた物で、大きさや形状から弁当箱のようだった。

「俺、最近は料理に凝っていて。先生に是非食べてもらいたいんです」

先生は高橋さんから弁当箱を受け取った。

「高橋さん、わざわざありがとう。嬉しいけど今は自分の身体のことを考えないと」

それを聞くと高橋さんは、また頭をかいた。

「先生の言う通り俺、肝臓が悪くて暫く入院します。治ったらまた、以前のようにキツ〜い鍼治療をお願いします」

高橋さんは頭を下げると土気色の笑顔を見せ、フラフラと去っていった。

そんな高橋さんの後ろ姿を先生は、弁当箱を抱えながら見送った。

「待っていますからね」

八巻先生は自宅に帰ると、高橋さんから渡された弁当を開けてみた。

内容は小さなおにぎり二つ、唐揚げ、野菜の煮物、卵焼き、ポテトサラダ。

シンプルだが丁寧に作りこまれて、とても美味しそうだった。

正直なところ、患者とはいえ、男性からいきなり弁当を渡されて変な物が入っていたらどうしようと不安に思っていた。

だが、そんな心配は吹き飛び、先生はその弁当を遅い夕食として美味しく頂いた。

「退院したら高橋さんに何かお礼をしないと」

先生は弁当箱を洗いながら、そんなことを考えた。

しかし、それは実現しなかった。

弁当を受け取った日から一カ月も立たないうちに、高橋さんが亡くなったのだ。

高橋さんの同僚の話では、肝炎だったらしい。

八巻先生は空の弁当箱を高橋さんに返すために整骨院に持ってきていたが、ついに叶わなくなってしまった。

高橋さんが亡くなって数日後、八巻先生はまた書類仕事で整骨院に残っていた。

そして書類に記入しながら「高橋さんのお弁当箱、どうしよう」と悩んでいた。

何となく捨てにくいが、かと言って自分で使う気にもなれない。

残業が終わって着替えようと自分のロッカーを開けると、中に保管してあったはずの弁当箱がない。

「絶対にここに置いたはずなのに……」

念のためロッカー内をよく調べたが、弁当箱以外にはなくなっている物はなかった。

不思議に思いながら先生が裏口から出ると、ポストの上に弁当箱が置いてある。

弁当箱は薄緑の弁当風呂敷に包まれていた。

「うそ！」

先生は警戒しながら弁当箱を手に取るとズシリと重く、中身が入っていることが分かった。同時に物陰から突然、人が出てきて走り去っていく。

先生は驚いてよろけそうになったが、去っていく人物をはっきりと見た。

それは最初の弁当を持ってきたときの、高橋さんの後ろ姿にそっくりだった。

「高橋さん……」

先生は恐ろしかったが、どうしてもその弁当を捨てることができなかった。

八巻先生は家に帰ると、風呂敷に包まれた弁当箱をテーブルに置いた。

そして暫くそれを眺めていたが、やがて意を決したように風呂敷を解いて弁当箱の中身を見てみることにした。

炊き込み御飯、紅鮭、煮豆、きゅうりの漬物、ゆで卵。

またまたスタンダードだが、美味しそうな内容のお弁当だった。

先生はそれをまた、遅い夕食としていただいた。

「高橋さん、美味しかったです。明日は整骨院が休みだから私もお返ししますね」

翌日、八巻先生は午前からスーパーに出かけ、食材を買った。

スーパーから帰ってきて料理をし、作った物を高橋さんの弁当箱に詰めた。

内容は胡麻かけ御飯、タコさんウインナー、アジフライ、プチトマト、春雨サラダ。

薄緑色の弁当風呂敷で弁当箱を包み、昨日書いた小さな手紙を添えた。

そのまま弁当箱を抱えると、今度は整骨院に向かった。

休みの整骨院裏口は、薄暗く静かだった。

先生はポストの上に弁当箱を置く。

そして近くにあった喫煙者用の椅子を持ってくると、裏口に座って待つことにした。

もちろん、高橋さんを。

「お願いします、どうか来てください」

先生は弁当箱に向かって祈った。

どれくらい待っただろう、先生はその間に本を読んでいたが普段の仕事の疲れが出たのか、いつの間にかうつらうつらしてしまった。

ポスト側から、ガサッという音がして先生は目を覚ました。

「高橋さん!?」

ポストの横には、明らかに高橋さんらしきスーツ姿の男性が後ろ向きに立っていた。

男性は先生に背を向けたまま、ふわっと宙に浮くと、そのまま上へ上へと飛んでいく。
そして地上から十メートル辺りまで行くと、かき消すように消えた。
先生はそのとき、男性が小脇に弁当箱を抱えているのを確認し、胸を撫で下ろした。
「さようなら、高橋さん」
先生は涙を流しながら、空に向かって手を振った。
それから八巻先生の前に、弁当箱も高橋さんも現れることはなかったという。
ちなみに八巻先生が、弁当に添えた手紙の内容は教えてくれなかった。

白蛇達

マユミさんは就職活動中、どうしても入社したい出版社があった。

そのために日々、内定を貰えるように奮戦していたが、どうも自信がない。

大学から帰る途中「内定を貰えなかったらどうしよう」と不安を胸に歩いていたら、昔はよく遊んだ神社の前を通りかかった。

「この際、神頼みでも何でもいい」

マユミさんは久しぶりに境内に入るとお社の前に立ち、奮発して賽銭箱に五百円玉を投げ入れて手を合わせ、内定が取れるようにお願いした。

目を瞑り、心の中で神様に何度もお願いをしていると、左側から視線を感じる。目を開けて左側を向くと、彼女を見ていたのは一匹の蛇だった。

お社から少し離れた左側にある低木林の前に、とぐろを巻いた大きな白い蛇がいて、マユミさんに対して明らかに鋭い視線を送っていた。

境内には多少の緑や木々はあるが、ここは東京のど真ん中にある神社だ。

都会で大きな蛇に出会うだけでも珍しいのに、白蛇とは。

しかも、この神社は白蛇とは何の関係もない。

「どこかで飼っているのが逃げ出したのかな」

また、マユミさんは以前、ネット上の動画で白蛇を飼っている人を見たことがあった。

また、白蛇はその珍しさから縁起のいい生き物とされていることも知っていた。

「もしかして五百円を投げたから、神様が私の内定のために呼んでくれたの？」

マユミさんは勝手にそう思い込むと、白蛇に向かって手を合わせた。

「どうかどうか、内定をください」

マユミさんがお願いをした後も、白蛇はその場から動かず、チロチロと赤い舌を出しながら彼女のことを見つめていた。

「お願いしましたよ」

マユミさんは白蛇に、そう念を押すと神社を後にした。


その後、マユミさんは希望の会社から内定を貰うことはできなかった。

スマホに届いた会社からのお断りメールを見返しながら、マユミさんは帰路に就く。

「やっぱり、私には高望みだったのか……」

いつの間にかマユミさんは、白蛇に出会った神社の前まで来ていた。

「五百円も払ったのだから、ちょっとは文句言ってもいいよね」

完全な八つ当たりだが、マユミさんは神様に抗議するために境内に入っていく。

そして、すぐに走って外に逃げた。

境内でどこからか湧くように現れた、たくさんの小さな白蛇がウネウネと彼女に向かって這ってきたのだ。その数は百匹では足らないだろう。

「くっ、食われる！」

マユミさんは、心の中で神様に謝りながら家まで走った。


更に月日が経ち、マユミさんは大学を卒業した。

そして本命ではなかったものの、中堅の出版社に就職した。

その会社では、入社一年にも満たない新卒であるにも拘わらず、マユミさんは責任のある仕事をどんどん任されるようになった。

大変な毎日だったがやりがいもあり、何しろ自分が会社で即戦力と認められたのがとても嬉しかった。

そしていつの間にか、本命の会社よりもここに入社してよかったと思うようになった。

「大手だったら、こんなに自由に仕事をやらせてもらえなかったかも」

その会社は、都内のビルの三階をフロア丸ごと借りていた。

そしてマユミさんには、フロアで一つだけ気になる部屋があった。

時々、社長だけが入る奥の部屋。

いつも鍵が掛かっており、ドアにはどういう目的の部屋なのか一切表示がない。

先輩達に訊ねてみたが、今まで社長以外は誰も中に入った者はいないらしい。

「社長は優しい人だけど、あんまり余計な詮索すると怒られるかもよ」

先輩にはそう忠告されたが、マユミさんは自分でも説明できない何か惹かれるものがあの部屋の中にあるようで、どうしても気になって仕方がなかった。


ある日、マユミさんは残業をしていた。

会社に残っていたのは社長と彼女だけ。

「何か、今日はあの部屋に行けそうな気がする……」

根拠はないが、マユミさんはそんなことを思いながらキーボードを叩いていた。

「ちょっとタバコを吸ってくる。君もあまり遅くならないうちに帰るんだよ」

社長はそう言うと、席を立って廊下に出ていった。

「どうしてだろう、社長はあの部屋に行く気がする」

社長が出ていった後、少し待つとマユミさんも廊下に出た。

そしてまずは喫煙室をチェックする。

パーティションで簡易に作られた喫煙室の明かりは点いていない。

「やっぱり、社長はあの部屋に行ったに違いない」

マユミさんが奥の部屋に向かうと、珍しくドアが少し開いて中から光が漏れている。

中には恐らく社長がいるのだろう。だがマユミさんは耐えられなかった。

彼女はドアをゆっくり開けると部屋に入り、恐る恐る中を見回す
部屋の真ん中には台の上に置かれた大きな水槽があり、それ以外は何もない。

マユミさんは、吸い込まれるように水槽に近付く。

「何よ、これ？」

水槽の中には、白いバレーボールのような球体が浮いていた。

その球体は、パッと見ても糸や針金などの仕掛けは見つからず、水槽の中で完全に単独で浮いているように見える。

マユミさんは、球体をよく見るために水槽に顔を近付けた。

そしてすぐに「ええっ！」と大声を上げ、慌てて水槽から少し後退した。

球体は、白いバレーボールなどではなかった。

それの正体は無数の小さな白い蛇が集合して絡み合い、がっしりと固まってバレーボール大の球体と化していたものだった。

そして、それが何の仕掛けもなく水槽の中で宙に浮いている。

マユミさんは気味が悪かったが、好奇心が勝って再び水槽に近付いた。

そして、球体と化した小さな白蛇達の群れを観察した。

白蛇達はまるで精巧な彫刻のように重なり、絡み合って完全な球体を作っている。

そして作り物などではない証拠に、球体はほんの僅かだが脈打つように動き、小さなたくさんの目は覗き込むマユミさんの動きを追っていた。

そんな球体をじっと見ているうちにマユミさんは以前、神社で小さな白蛇達に追われて逃げたこと思い出した。

「まさか、あのときの子達ではないよね……」

マユミさんは何故か、この白蛇達の球体から目が離せなくなっていた。

「いやあ、中から鍵を掛けたはずなのに入ってこられるとは。さすがこの蛇達が強く呼んだだけのことはあるねぇ」

いつの間にか社長が、水槽の横でニコニコしながら立っていた。

「社長、すみません。でもどこから⁉」

驚いたマユミさんは、目を丸くして社長のことを見ながら言った。

「いやいや、君が部屋に入ってきたときから水槽の横にいたよ。やっぱり、よほどこの蛇達に好かれているんだなぁ～」

無断で部屋に入ったにも拘わらず、社長は特に怒っている様子はない。

むしろ、マユミさんがここに来てくれたのを喜んでいるようにすら見えた。

「社長、先ほどから鍵が掛かっていたとか、蛇達が呼んでいたとか、一体どういうことですか？　というか、この白い小蛇達の球体は何なのですか？」

マユミさんの質問に社長は、水槽を愛おしそうに撫でながら答える。

「この白蛇達はね、私の会社にいい人材を呼んでくれるありがたい存在なんだ。社員面接をする前、私は必ずこの蛇達にお伺いを立てる。会社に合わない人なら無反応、会社にとっていい人なら白銀に輝く。無反応な人にはお帰り頂くけど、輝いた人はたとえ本人にその気がなくても白蛇達が引き留めてくれる」

マユミさんは、社長の話をポカンと口を開けて聞いていた。

確かに白蛇が集合してできた球体は不思議だが、そんな力があるのだろうか？

「君の面接をする前、この球体は今までにないくらい輝いたんだよ。これは蛇達が、かなり君のことがお気に入りだと思ってね。だから入社してもらったんだ」

確かにマユミさんがこの会社の面接を受けたとき、面接官の社長はやたらとテンションが高く、面接というよりは既に入社の決まった新人への説明会のようにすら思えた。

そして面接を終えて家に帰ってくると、すぐに電話が掛かってきて、社長から直接採用を告げられたときは面食らったものだった。

「小蛇達は、一体私のどこがそんなに気に入ったのでしょうか？　確かに今、私はこの会社でとても充実した毎日を送っています。仕事は大変ですが楽しいし、同僚も先輩も、そして社長も優しいですし……」

マユミさんの疑問に社長は、うんうんと笑顔で頷いた。

「正直、私にも小蛇達の採用基準は分からない。でも、小蛇達の選択は外れたことがない。君の先輩達も皆、面接前に蛇の球体が輝いた人達ばかり。会社のために一生懸命に働いてくれるし、人間関係もいいので社内の雰囲気も良好。経営者の私にとって、最高の人材を提供してくれるんだ。もちろん、君もその一人だよ」

それを聞いてマユミさんは、改めて浮いている小蛇を見つめる。

「この子達が、私を選んでくれたのですか……」

そう思うと、最初は少し不気味だった小蛇達の球体も少し親近感が湧いてくる。

マユミさんは社長に小蛇の球体はどうやって浮いているのか、またどこでこの球体を手に入れたのかということも聞いてみた。

しかし、浮いている原理は社長にも分からず、この球体の由来とどこで手に入れたのかについては、他人に絶対に教えてはいけないそうだ。

「そして君は小蛇達に呼ばれたから大丈夫だけど、通常はこれを他人にも見せてはいけない。だから他の社員達には絶対に内緒にしてくれ」

マユミさんにそう警告したとき、柔和だった社長の顔つきが一瞬だけ鋭いものに変わる。まるで獲物を狙う蛇のように。

「分かりました」と、緊張で少し身体を強張らせながら、マユミさんは球体と社長に向かって言った。


それから数年が経ち、マユミさんはその出版社で順調にキャリアを積み、何人もの部下や後輩を教える立場になっていた。

あの残業をしていた日以来、マユミさんは小蛇達の球体には会っていない。

だが、社長は裏で小蛇達を活用しているらしく、入社してくる後輩社員達は皆、優秀なだけではなく人当たりがいい人達ばかりだった。

だから、社内の雰囲気は今も良好だ。

そしてマユミさんは今でも週に一回、最初に白蛇と出会った近所の神社へのお参りを欠かさない。

自分を今の会社に呼んでくれた小蛇達の球体、その親はあの白蛇だと信じているから。

毎回、五百円のお賽銭はちょっとキツイそうだが。

土葬

今から十年くらい前、バイト仲間の加藤が体験した話。

その頃、都内にある加藤の家には、彼の父方の祖母も一緒に住んでいた。

祖母は九十歳近い高齢に加え、幾つもの病気を抱えていたので、いつ寿命を迎えてもおかしくない状態だった。

「私が死んだら自分の故郷で土葬にしてほしい」

寝たきりの祖母は毎日、自分の息子、つまり加藤の父親に口癖のようにそう強く訴えていたという。

確かにその当時、祖母の実家がある地域では珍しくまだ土葬が認められていた。

だが、祖母の実家は東京からは遠く、遺体を運ぶにもかなり費用が掛かる。

土葬するにも実家のある自治体で、いろいろと手続きが必要らしく面倒だ。

実家には少し歳の離れた祖母の弟が、一人で暮らしていた。

歳が離れたと言ってもその弟も八十歳に近いし、これからの墓の管理などが不安だ。

加えて祖母の弟は過去に金銭関係でトラブルを起こすなど、加藤の祖母や父親を含めて他の親族とはあまり仲がよくなかった。

だが、祖母は更に訴える。

「馬鹿な弟だけど、私が死んだら少しは心を入れ替えてくれると思う。あの子に故郷の墓を見守ってもらいたいの」

過去、散々裏切られ金をむしり取られた祖母だが、たくさんいた兄弟姉妹の中で唯一残った自分の弟を、最後はどうしても信じたかったらしい。

「それとね、あの土地で生まれた者はみんなあの土地に帰るの。そうしないと成仏できないどころか、後々生きている人々に仇為す者になってしまうと昔から言われているの」

そんなのは絶対に嫌、と祖母は泣きながら自分の息子に懇願する。

「分かったよ、母さん。全部言う通りにするから、今は余計なことを考えないで」

実家での土葬の話が出るたびに、加藤の父親はそう言って寝床にいる母をなだめる。

だがこの時点で、父親は東京近郊に新しく作った墓地に祖母を埋葬することを決めていた。もちろん火葬をして、骨壺に納めてだ。

「今どき、土葬なんてありえない。成仏するのに土葬も火葬も違いはないだろう。人に仇為す者なんて、母さんも古い人間だから、故郷に伝わるくだらない迷信を未だに信じているんだ。それにあの強欲で自分勝手な叔父に墓の管理なんて任せられるか」

父親は周りの人間にはそう言い、自分の母親の希望を叶える気は全くなかった。

それから間もなく、加藤の祖母は亡くなった。

自分の息子を信じながら、苦しまず眠るようにこの世を去っていったそうだ。

東京で通夜、葬式が営まれた後、祖母の遺体は茶毘《だび》に付された。

そして四十九日後には、新しく建てられた東京近郊の墓に埋葬される予定だった。

仏壇に置かれた骨壺の入った桐箱を見ながら、加藤は「婆ちゃんの希望、一つも叶えてやれなかったね」と父親に言った。

それに対して父親はムスッとした顔で「生きているほうにだっていろいろ都合がある、感情論だけじゃ済まされない。子供は黙っていろ」と答えたという。

葬式が終わった後、加藤は自分が幼い頃によく祖母と遊んだり、一緒に出かけたりしたことなどを思い出した。

しかし、加藤が思春期に入り学校の勉強や部活などが忙しくなると、同じ家にいたにも拘わらず祖母との触れ合いはどんどん減り、寝たきりになった後はたまに顔を出す程度になっていた。

「婆ちゃん、俺には何もできなくてごめんな。今更だけど小さい頃に遊んでくれてありがとう。天国で幸せに」

加藤は涙を流しながら、桐箱に手を合わせた。

祖母の葬儀が済んだ後、実家に一人住む彼女の弟から連絡があった。

内容を簡単に言うと「姉の遺骨を引き取ってこちらの墓に埋葬したい。土葬は叶わなかったがせめて故郷の土地に眠らせたい。その際、地元の寺に払う管理費や、その他の手続きに必要な経費などを請求させてもらう」というものだった。

「怒りを通り越して笑ってしまうな。あのクソ叔父、今でも俺達からどれだけ借りていると思っている？　何がせめて故郷の土地に眠らせたいだ。どうせ金だけ受け取って、自分の姉の遺骨を庭にでも埋める気なのだろう、アイツならやりかねん!!」

父親はかなり憤慨した様子だった。

加藤自身は祖母の弟には会ったことがなかったが、写真では見たことがある。

血が繋がっているせいか、顔はどことなく祖母に似ている。

写真に写っている祖母の弟の笑顔は印象的で、人懐こそうで悪人には見えないが、加藤の父親が言うには「ギャンブル狂、詐欺師、人間の屑」だそうだ。

若い頃からロクに働かず、実家の金で遊び回り、それができなくなると借金をし、いよいよ首が回らなくなると親戚縁者を中心に怪しい投資話などを持ち掛けてきたという。

「当時は俺の母親が庇ったおかげで家を追い出されずに済んだが、結局はその後も殆ど働かないただの穀潰しだったよ。全く以て家の恥さらしだ」

父親は吐き捨てるように言い、叔父の戯言《たわごと》だと完全無視するつもりらしい。

「親父がこれだけ怒っているなんて、過去によほど嫌な思いをしたんだなぁ」

加藤はそのとき、会ったことのない自分の大叔父に少し興味を持ったという。


祖母の四十九日法要の数日前、加藤は夢を見た。

かなり現実味のある夢で、十年以上経った今でもはっきりと内容を覚えているという。

薄暗くて周りには何もない空間に、加藤は一人で立っていた。

足裏がヤケに冷たく感じたと思ったら加藤は裸足で、立っているのはコンクリート床のような灰色で冷たい、少しザラついた地面だった。

どこからか水の流れる音が聞こえてくる。

加藤が誘われるように音のするほうへ向かうと、正面にいきなり大きな川が現れた。

目の前の川では、右から左へと真っ黒な水が音を立てて、かなりの速さで流れていく。

川幅は加藤の感覚では二十メートル以上あり、向こう岸は暗くて何も見えない。

漆黒の川の流れを見ているうちに、漠然とした不安に囚われた加藤が顔を上げると、いつの間にか川の向こう岸まで橋が架かっている。

加藤が橋を調べると、床板は厚い鉄板、左右の柵は頑丈そうな鉄柱と太い鎖のみという、かなり丈夫そうだが装飾のない地味な造りだった。

橋の先に続く向こう岸を見ると、いつの間にか人々が立っている。

「婆ちゃん!?」

向こう岸に立つ十数人程度の人々から少し前に出て、加藤の祖母が立っていた。

祖母は生前、元気だったときにお気に入りだった着物を着ており、彼女の右隣には見たことのない大きな茶色い犬が座っている。

祖母の後ろに立つ人々は皆、穏やかな笑顔でこちらを見ているが、加藤は彼らの服装は最近の物と比べて、何となく古臭い物のように感じたという。

そして祖母も加藤に微笑みながら、犬の首輪から伸びるリードを右手に握っている。

加藤は祖母の笑顔を見ると、急に昔の思い出が頭の中に浮かび上がり、彼女の元に駆け寄りたい衝動に駆られた。

しかし、加藤が向こう岸に渡るために橋の上に足を踏み入れた瞬間、祖母達の様子が大きく変わった。

祖母はいきなり、隣に座る茶色い犬の首元を片足で強く踏みつけた。

当然、犬はもがき苦しんだが、その顔を見て加藤は驚愕する。

犬の顔は大叔父に変化していた。

人面犬と化した？　自分の弟を思いきり踏みつける祖母の顔は、先ほどまでの優しい微笑みから、人を見下したような嫌らしく歪んだ笑顔に豹変していた。

それは祖母の後ろに立つ人々も同じで、全員が加藤のことをあざ笑うかのような顔つきで見つめている。

それだけではない。溶けかけていた。祖母とその後ろに立つ人々の身体が。

まるで使いかけの蝋燭《ろうそく》の上部のように、祖母達の身体の所々が服や髪の毛も含めてドロッと溶けて欠けている。

踏まれている大叔父の人面犬は、口から舌をだらりと下げて呻いているようだった。

この異常な光景を目の当たりにした加藤は、橋を渡るのを躊躇《ちゅうちょ》した。

橋は鉄製から粗末でボロボロな木製に変化し、黒い川には見たことのない大きな生き物の死骸が幾つも流れていく。

「これは夢、悪い夢だ」

加藤はこの状況が夢だと途中から気付いていた。とても生々しくリアルな悪夢だと。

だが、全く覚める様子がない。いつもだったら、あっという間に過ぎ去る夢の時間は無限に続くように思えた。

　ふと気付くと橋の真ん中辺りに何かいる。それは黒いヒト型のシルエットで、尻餅をついたように座り込んでいる。

　真っ黒なシルエットは、その体格や輪郭から成人男性のように思えた。

　少しすると座っていたシルエットは、這いずりながら祖母達のほうへ行こうとする。

　それを見ていた加藤は、どういう訳か止めさせなければいけないと思い、もう一度橋の上を走り、シルエットに駆け寄った。

　近寄るとシルエットはやはり成人男性のように思え、どういう訳か加藤はそれをずっと前から知っている人物のような親しみを感じた。

　加藤はシルエットの襟の辺りを掴むと、祖母達とは反対側の岸に引きずっていった。

　シルエットは最初は激しく抵抗していたが、途中から諦めたように動かなくなった。

　するといきなり人面犬と化した大叔父が走ってきて、血走った目付きでシルエットの左手に勢いよく噛みついた。

「キモイんだよ！」

　加藤は人面犬を力いっぱい蹴飛ばした。

　人面犬は思いのほか体重があったが、加藤の渾身のキックで吹っ飛んだ。

先ほどと比べて身体の溶け具合が進行し、益々人間離れしてきた祖母とその背後の人々は、相変わらず嫌らしい笑みを浮かべながら加藤に手招きをしている。

「絶対に行かねぇ」

よく三途の川の向こうから知っている人々が手招きをし、それに応じて川を渡るとあの世に行ってしまう、という類の話は加藤も知っていた。

だが、ここを渡ったら確実に地獄より酷い場所に連れていかれる気がしたという。

救出した男らしきシルエットが、腕をゆっくりと掴んできたところで加藤は悪夢から脱出することができた。

目を覚ますと、まだ朝の五時前だった。

「本当に夢でよかった……」

しかし、夢から覚めたはずの加藤の記憶と感覚には、川の流れる音や水の臭い、コンクリート床や鉄橋の質感、祖母やその背後にいた人々の嫌らしい笑み、人面犬と化した大叔父を蹴った重み、そして腕をシルエットに掴まれたときの圧迫感がはっきりと残っていた。

身体に重くのしかかる疲労感と強い喉の渇きを覚えた加藤は、今日が日曜日だということに感謝しながら、とりあえず台所に向かった。

すると台所のテーブルには、珍しい先客がいた。

父親がマグカップを片手に、険しい顔で何やら考え事をしているようだった。

「父さん珍しいね。いつも日曜日は昼まで起きてこないのに。母さんはまだ寝てる?」

それを聞くと父親は、マグカップの中身を一気に飲み干して言った。

「お袋の、婆ちゃんの遺骨を故郷に埋葬してやろうかと思う」

それを聞いた加藤の冷蔵庫を開ける手が一瞬、止まった。

「ふーん、そうなんだ。あんなに反対していたのに突然どうしたの?」

加藤は冷蔵庫から出した牛乳を飲みながらそう聞いた。そのとき、父親の左手の甲に絆創膏が何枚も無作為に貼られていることに気が付いた。

その瞬間、夢の中でシルエットの左手に噛みつく人面犬の顔が浮かび上がる。

加藤は微かに震える手で、コップをテーブルに置くと再び父親に訊ねる。

「その手……どうしたの?」

「これか。父さんが仕事でよく通る○○トンネルを知っているだろう? あの中でやられた」

空になったマグカップを軽くテーブルに叩きつけるように置くと、父親は自分がトンネル内で遭遇した出来事を話し始めた。

昨晩、父親は仕事の帰りに○○トンネルを通った。

車がトンネルの中ほどまで来たところで、少し開けた窓の外から激しく水の流れる大きな音が聞こえてきた。

不審に思った父親が念のために減速すると、目の前にいきなり川が現れた。

もちろん父親は驚いたが、最初は仕事の疲れから来る幻覚かと思ったという。

他の車がいないのを確認し、トンネル内に突然現れた川の正体を確認するため、父親は慎重に車外へと出る。

だが、その川は幻覚などでなく、黒い水が右から左へと轟音を響かせて流れている。

辺りを見回すと父親とその車を覆っていたはずのトンネルの天井や壁は消え、目の前に現れた黒い川とそれに架かる人間用の鉄橋だけがライトアップされているという、不思議な空間になっていた。

父親が川の向こう岸を見ると、そこには何故か生前のお気に入りだった着物を着た、自分の母親が立っている。

更に母親の横には見たことのない大きな茶色い犬、後ろには十数人の人々が立っており、その中には父親が子供だった頃に実家周辺に住んでいた人々の懐かしい顔もあった。

唐突に置かれた自分の奇怪かつ意味不明な状況に、ただ立ち尽くすしかない父親だったが、向こう岸の母親が笑顔で手招きをしてくる。

それを見た途端、自分の母親に対する懐かしさと、願いを叶えてやれなかった罪悪感が父親の胸にこみ上げてきた。

「お袋!」と父親は叫んで鉄橋を渡り、母親のいる向こう岸に走っていこうとした。

すると、鉄橋は汚いボロボロの木橋に変わり、身体の溶けかけた祖母や後ろの人々は、揃って嫌らしい笑みを浮かべながら父を手招きする。

その変化に気付き、父親が橋の真ん中で足を止めると、自分の叔父の顔をした茶色い犬が勢いよく走ってきた。

人面犬と化した叔父の姿に腰を抜かした父親がその場に尻餅をつくと、叔父は嬉々とした表情で自分の甥の左手に噛みついた。

それほど強く噛まれた訳でもないのに、かなり痛かったという。

父親が激痛に呻いていると、今度はいきなり後ろから襟首を掴まれた。

再び驚いた父親が後方を見上げると、黒いシルエットの人物が立っている。

それを見て更にパニックに陥った父親だが、シルエットが人面犬を蹴って撃退し、自分を元の岸まで引っぱってくれていることが分かると安心して抵抗を止めた。

「こいつ、よく知っている人間のような気がする……」

元いた場所まで戻ってきた後、父親がシルエットの腕を掴むと、今まであった黒い水の川、鉄橋、祖母と後方の人々、人面犬の叔父は一瞬にして消えた。

気が付くと父親は一人、トンネル内で車の外に座り込んでいる状態だった。


「酔ってないぞ。寝ぼけているのでも頭がおかしくなった訳でもない。少なくとも昨晩は完全に素面だったし、今でも正気だ。だが俺は確かにお袋達と遭遇した」

話の最後に父親は、絆創膏だらけの腕をさすりながら断言した。

「父さん、襟首を掴んだその黒いシルエットは俺だよ」

それを聞くと、父親は加藤のことを見上げて少し驚いたような顔をしたが「やっぱり、お前だったのか」と素直に納得した。

加藤も自分の見た夢のことを話し、父親もそれを真剣に聞いていた。

「父さんの体験した内容と僅かに違いがあるけど、殆ど同じだろう？　俺は夢の中で、父さんは現実世界のトンネル内で、何だか様子のおかしくなった婆ちゃん達と再会したんだ」

父親はゆっくりと頷いて言った。

「そうだな。ここまで一致するとただの夢や幻覚では済まされない。死んだお袋が……かなり歪曲した方法だが、俺達に生前の願いを叶えるように訴えたかったのかもしれない。

やはりお袋の遺骨は実家の墓に埋葬しよう。土葬は叶わなかったが、せめて故郷の土の下に眠らせてあげよう」

「それがいいよ」

加藤もすぐに賛成した。父親は立ち上がると、加藤の腕を軽く掴んで言った。

「子供だと思っていたら、いつの間にか逞しくなっていたな。橋の上では助けてくれてありがとう」

「これでも部活で鍛えているからね」

加藤は腕に力こぶを作ってみせ、久しぶりに父親と一緒に笑った。

ちなみに加藤と父親の不気味な体験談は、無駄に怖がらせるのを防ぐため、加藤自身の母親には話さないことにした。


それから、急遽祖母の遺骨を彼女の故郷に埋葬するということになった。父親は様々な手続きの変更や他の親族への説明などが大変だった。

周りからの反発や困惑する声もたくさんあったが、それでも父親は自分の母親の意志を尊重し、それを実現させた。

故郷側の寺に埋葬後の管理をお願いし、年一回は墓参りをすることにした。

そして、あの大叔父に割り込む隙を与えないようにもした。

「四十九日には、大分遅れてしまうけど許してくれよ、お袋」

父親は一段落着くと、自分の母親の遺骨に手を合わせて謝った。

その後、加藤やその家族におかしなことは起こらなかった。

このまま無事、祖母の埋葬が執り行われると思っていた。

しかし、いざ祖母の遺骨を故郷に運ぶ、その前日の朝、その故郷からとんでもないことを知らせる電話が掛かってきた。

電話に出たのは父親で、重苦しい口調で随分と長い時間、先方と話をしていた。

「叔父が死んだ」

電話を切ると同時に、父親はやや青ざめた顔で加藤達に言った。

父親から告げられた突然の訃報に、明日一緒に祖母の故郷に行くつもりだった加藤とその母親は凍り付いた。

電話を掛けてきたのは警察で、今朝、大叔父が庭で死んでいるのを近所の人が発見したのだという。

「詳しい話はあちらで改めて聞くが、大きな野犬と格闘した末に死んだそうだ……」

「犬と格闘だって⁉」

驚いて声を上げる加藤に、父親は暗い顔で頷く。

「俺はこれからすぐ、実家に行く。もちろんこんな状況だから、お袋の納骨式はまた延期だ。お前達には悪いが家で俺の連絡があるまで待っていてくれ。他の親族への報告は空港に向かいながら俺がやっておく」

加藤の父親はそう告げるとすぐに飛行機を手配し、空港へと車で向かった。

「何か、急にお義母さんの遺骨を故郷に埋葬すると言い出して揉めたと思ったら、今度は直前にその弟さんが亡くなるなんて……」

義母が亡くなった後、喪主である夫を支えるべく、いろいろと尽力してきた母親だったが、今回の話を聞いて倒れ込むようにソファーに座って泣いた。

そんな母親の隣に座って、加藤は優しく抱きかかえる。

同時に父親の言っていた、大叔父の死因について考えた。

「夢では人面犬だった婆ちゃんの弟が、今度は現実で犬に殺された、かよ」

訳の分からなくなった加藤も、大きな溜め息を吐くとソファーに深くもたれかかった。

夜遅くになって、実家に行った父親から電話が掛かってきた。

父親は自分の妻でなく、息子の加藤と話をしたいと電話口で言ってきた。

受話器の奥から聞こえる父親の声には、かなりの疲れが感じられた。

「死んだ人間にこんなことを言うのも気が引けるが、最後まで迷惑を掛けてくれる」

父親の話によると、彼の叔父は前日の朝、確かに実家の庭先で犬と争い、それが元で死んだのだという。

犬は茶色い中型犬。野良犬だったが、大人しいので周囲の人間には放っておかれていた。

ところがここからは警察の推測だが、大叔父は自宅の庭先に迷い込んだ野良犬に、鉈を持って自分から襲いかかったらしい。

格闘の末、犬を殺したものの、急に激しく動いたせいか元からあった心臓疾患の発作が起こり、そのまま倒れて警察に発見される前に死んでしまったようだ。

「死んだ野良犬の体格や毛の色は、俺の見た人面犬とそっくりだった……」

その言葉を聞き加藤は、夢で父親に噛みついた大叔父の顔をした人面犬を思い出した。

「叔父はその野良犬を殺すと、何故だか首を鉈で切り落とした後に倒れたんだ」

「首だって？　ウソだろ!!」

加藤は受話器を持ったまま、思わず大声を出した。

「叔父は確かにロクデナシだったが、基本は大人しい奴だった。幾ら野良犬が敷地内に入ってきたからって、自分から鉈を持って殺しに掛かる人間じゃない。ましてや、その首を切り落とすなんて」

大叔父の凶行が、未だに信じられないといった感じで父親は話を続ける。

「とにかくお袋の納骨式はまた延期だ。まだ警察や実家周りの人々と話すこともあるし、叔父の葬儀もやらなければならない。全く何という日だ……」

加藤はかなり疲れた様子の父親に対して、ある質問をするかどうか迷った。

〈今回の大叔父の件、婆ちゃんを最初から故郷で土葬していれば起こらなかったのではないか？　そして、婆ちゃんが何度も言っていた生者に仇為す者とは何なのか？〉

しかし今、故郷で起きた様々な問題に向き合って苦労している父親に、こんなことを聞くべきではないと判断し、口をつぐんだ。

父親との電話を一回切ると、加藤は自分の母親に話の概要を説明したが、大叔父が犬の首を切り落としたことまでは話さなかった。

そして後日、大叔父の葬儀は父親と故郷にいる僅かな関係者だけでひっそりと行われた。

大叔父の遺体は火葬にされ、祖母の遺骨と一緒に故郷の墓に埋葬されたという。

今回の件が漸く一段落着き、父親が東京に帰ってきた。

加藤は母親と一緒に、父親を温かく迎えるつもりだった。

しかし、玄関に立つ父親の姿を見て二人は黙り込んだ。

父親の左手には包帯が巻かれ、三角巾で肩から吊されていた。

「手先の傷からバイ菌が入ったらしくてな。放っておいたら肘から下を切断しなければならなかったそうだ」

父親は険しい顔で、包帯に包まれた自分の左腕を撫でた。

「少し、休みたい。寝かせてくれないか」

父親は加藤に荷物を渡すと自分の部屋に向かおうとした。

加藤は自分の父親の状態を見て、黙ってはいられなくなった。

「父さん、こんなときに悪いんだけど、やっぱり聞きたいことが……」

加藤がそう言いかけると、父親は右手で彼の腕を掴んだ。

あの夢のときのように。

「人に仇為す者、だろ？」

父親の腕を掴む力が強くなった
「詮索するのは止めておけ。それについては、あちらでしっかりとこれ以上は何も起きないように対策をしてきた」

それだけ言って、父親は自分の部屋に入ってしまった。

加藤はそれ以降、仇為す者について父親に聞くことも自分で調べることもなかった。


それから十年程経つが、加藤達にこれといっておかしなことは起きていない。

父親の左手も順調に回復した。

加藤は今でも毎年一回、祖母の墓参りのために彼女の故郷に行く。

そして祖母や大叔父の眠る大きな墓石を見ながら思う。

「これが、仇為す者への対策の一つなのだろうか？」

墓石は真っ黒に塗りたくられ、刻まれた家名は荒々しく削り取られていた。

そして、その墓地には祖母達の墓石以外にも真っ黒に塗られ、家名を削り消された墓が幾つもあったという。

庭の男

現在、東京の娘さん夫婦の家で暮らす康江さんから、奇妙な話を聞いた。

康江さんは八十歳を過ぎてもお元気で、旦那さんが亡くなった後もT県の農村部で一人、気丈に暮らしていた。

しかし、今から約一年前、康江さんは自分の運転する車でちょっとした自損事故を起こしてしまった。

幸い怪我こそなかったが、そのことでやや自信を失った康江さんは、前々から娘さん夫婦に東京に来るように言われていたので、渋々それに従うことになった。

聞いた話とは今から四十年程前、康江さんがT県の家で体験した出来事だ。

昔は大の犬好きだった彼女は、過去に体験したその出来事によって今は犬を飼うどころか、恐怖の対象になってしまったという。

その頃、康江さんの家では一人娘を東京に嫁がせたばかりだった。

そこで旦那さんが、この際娘が置いていった家財道具を含め、家にある不用品を一斉に処分しようと提案した。

康江さんもそれに賛成すると、早速二人で家の物を片付け始めた。

ゴミに出せる物は出し、燃やせるものは焼却し、譲渡できるものは隣人に渡した。

それでも、庭には運び出された用途のない重いだけの古い家具や、価値のない安物の骨董品が溢れていた。

「知識もないくせに昔からあれこれ買ってきたんだよ、うちの親父が」

旦那さんは康江さんに向かって苦笑し、専門の業者に処分を頼むことにした。

「これみんな、使わないのか？」

いつの間にか、庭の生け垣の外に一人の男が立っていた。

くたびれた作業着を着たその男は、庭に並ぶ家具などを指さしていた。

「ああ、そうだよ。欲しい物があったら自由に持っていってくれ」

旦那さんは、突然現れた男に少し驚きながらも愛想よく答えた。

やや小柄なその男は、三十歳くらいの若さで鋭い目つきをしている。

この辺りでは見かけない顔だ。

許可を得た男は、庭にズカズカと入り込んでくると処分予定品を見回す。

「気に入った。全部貰うぜ」

男は嬉しそうに家具を軽く叩いた。

「手伝おうかい？」

旦那さんが提案すると、男は掌を向けて断った。

「これくらいなら一人で十分、迷惑は掛けないからあんた達は飯でも食ってな」

康江さん夫婦はおかしな男だと思いながら、昼食を食べるために家の奥に戻った。


小一時間程経って康江さんが縁側に来てみると、庭に置いてあった不用品は一つ残らず消えていた。代わりに先ほどの小柄な男が、庭の真ん中であぐらをかいている。

「もう、運び終わったの？　随分と早いわね」

置いてあった不用品の殆どは、一人で運べないことはない重さや大きさだ。

しかし、とにかく量が多い。男の家がどこにあるのかは知らないが、こんな短時間でどこか他の場所に運んでいくのは難しいはず。

「ああ、全部住み処に運んだ。ありがとうよ」

汗一つかかず、男は涼しい顔で礼を言った。

「トラックでも使ったの？　それにしては車が来た様子がないけれど」

「いんや、俺が直接担いで運んだ。裏山の住み処にな」

どうもこの男の言うことは、少しおかしいと康江さんは思った。

男の言う近所の裏山には、人なんて住んでいないはずだ。

「こっちこそ、不用品を綺麗さっぱり回収してくれて助かったよ」

奥から、一升瓶とコップを持った旦那さんが現れた。

「まあ、上がって一杯やっていきなさい。いいだろ？」

旦那さんが酒に誘うと、男は目を輝かせて立ち上がった。

「ありがたい。酒は大好きだ。でも俺は庭でいい」

男は旦那さんからコップを受け取ると、早く酒を注ぐように催促する。

「どうしてだい？　遠慮せずに中で飲めばいいのに」

旦那さんは、男のコップに酒を注ぎながら訊ねた。

「オレは……鬼だから人の家に入っちゃいけないんだ」

それを聞いて、康江さんと旦那さんは互いに顔を見合わせ、その後二人とも笑った。

「あなたおもしろいわね、鬼だなんて昔話みたい。お名前は？」

康江さんも旦那さんからお酒を注いでもらいながら男に聞く。

「キトウ、キトウだ。以前、人間の坊主に付けてもらった」

「キトウ、鬼だから鬼頭、かな？」

「まあ、多分そんなところだ」

「仕事は何をしている？」

「仕事？　普段は裏山やその周りに住む獣を食っている。でも、最近は獣も少なくなったから、たまに日雇いをやって銭を稼ぎ、それで人から米や肉を買う」

「何で鬼は人の家に上がらないの？」

「人間にもいろいろ面倒な決まりがあるだろう。それと同じでとにかく上がれない」

自らを鬼だという男、キトウとの会話はずっとこんな感じだった。

鬼かどうかの真偽は別として、康江さん夫婦は会って短時間しか経っていないにも拘わらず、このキトウと名乗る少し変わった男が気に入ってしまった。

もしかしたら、少し頭がおかしいのかもしれないが、悪い人間には見えない。

三人は庭で暫く他愛のない話をしていた。

「前から疑問に思っていたんだが、地獄にいる鬼と君みたいにこの世にいる鬼の違いは何なんだい？　どちらが強い？」

旦那さんがそう聞くと、赤ら顔で上機嫌にスルメをかじっていた男の手が止まる。

「地獄にいるのは……あいつらは鬼じゃねえ。俺達と一緒にするな」

キトウはコップに残った酒を一気に飲み干した後、小さな低い声で唸るように言う。

そして庭の真ん中であぐらをかいたまま、下を見て動かなくなった。

まるで、何か嫌なことを思い出したようだった。

「えっと、鬼って言うくらいなら何か神通力みたいなものは使えるの？」

場の雰囲気が悪くなったのを打ち消すため、康江さんが男に違う質問をした。

すると男は顔を上げて頷いた。その目はとても輝いて見えた。

「おう、もちろんよ。今から俺の力を見せてやる、待ってな！」

男は勢いよく立ち上がると、庭を出て裏山のほうへ続く道を走っていった。

そんなキトウの様子を、康江さん夫婦はポカンと口を開けて見送った。

「何だか、随分と忙しい男だなぁ」


「おーい、誰かいないのか？　帰ってきたぞ」

夕方近くになって、庭からキトウの叫ぶ声が聞こえてきた。

夫婦が縁側に行くと、庭には不思議な光景が広がっている。

「どうだ、これが俺の力だ」

庭先でキトウが、自慢げに両腕を広げる。

「まあ、確かに凄いのかもしれないけれど……」

庭には今までに見たことがないほど、大小たくさんの犬達が集まっていた。

パッと見て三十四以上はいるだろう。その光景は圧巻だ。

犬達は皆、吠えもせず礼儀正しくお座りをして夫婦のほうを見ていた。

「この犬達、君が集めたのかい？」

旦那さんがキトウに聞くと、彼は得意げに大きく頷いた。

どこから連れてきたのか分からないが、確かにこれだけの犬を一か所に集め、大人しく座らせておくのは並の力ではないのかもしれない。

が、鬼の神通力と言われると少々微妙ではないか。

このキトウという男、犬の訓練士や調教師等の資格を持っていて、御苦労なことだが近隣の犬達を片っ端から集めてここに連れてきたのでは？

旦那さんは犬達を見ながら推理し、それを康江さんにこっそり耳打ちした。

「そうねえ、これだけの犬を集めるのは並大抵な苦労じゃないけど」

そのとき、康江さんは一番端っこにいる、黒斑《ブチ》の小柄な雑種犬に目が留まった。

「えっ、小太郎？　ねえ、あの子は小太郎じゃない!?」

康江さんはサンダルも履かずに庭に飛び降り、雑種犬に駆け寄った。

そして雑種犬を抱き上げると、愛おしそうに頬ずりした。

「やっぱり小太郎よ、信じられない。小太郎が帰ってきてくれた！」

信じられないことに、数カ月前に病気で死んだ康江さん夫婦の愛犬・小太郎が、キトウの連れてきた犬達の中にいたのだ。

「いやいや、小太郎は病死して遺体は裏山に埋葬しただろう。確かにそっくりではあるけれど、違う犬じゃないのかい？」

大歓喜する康江さんを、旦那さんは落ち着かせようとした。

「ほら見て、姿形だけじゃないの。この子が着けている首輪、私が作ってあげた物よ！あなたも覚えているでしょ。お墓に一緒に埋めてあげたのよ、間違いないわ」

そう言われて旦那さんは雑種犬の首元を凝視する。

すると確かに雑種犬の着けている首輪は、前に奥さんが手作りした物と酷似している。

小太郎そっくりな小さな雑種犬のほうも随分と慣れた様子で、警戒心なしに奥さんに抱かれ、彼女の顔をペロペロと舐めている。

「そんなバカな、死んだ犬が生き返るなんて！」

動揺した旦那さんはキトウのほうを見たが、彼は腕を組んでニヤニヤするだけだった。

「キトウさん、小太郎はこのまま私達の所にいてもいいの？」

康江さんは泣きながらキトウに訊ねた。

「ああ、構わんよ。いろいろ貰った上に酒までごちそうになったからな」

「ありがとう、あなたはとてもいい鬼ね」

それを聞いてキトウは少し恥ずかしそうだったが、すぐに真顔になって言った。

「だがよ、そいつの……裏山にある小太郎の墓には絶対に近付くな」

そう言うと、キトウはいきなり口笛を吹いた。

今までに聞いたことがないくらい大きな音の口笛だった。

そしてキトウは「あばよ」と一言残し、早足で庭の外に出て裏山のほうへ走り去る。

すると庭に座っていた犬達が申し合わせたように一斉に立ち上がり、キトウの後を追うように走っていってしまった。

後には縁側で酒の入ったコップを持って立ち尽くす旦那さんと、庭で愛犬との再会を喜んで泣いている康江さんがいた。

「何であいつ、小太郎の墓が裏山にあるって知っていたんだ？」

旦那さんは急にスゥーッと酔いが醒め、少しだけキトウのことが怖くなった。

生き返った（？）小太郎はその後、夫婦の元で十年近く生き、老衰で死んだ。

仕草や癖だけでなく、犬の身体を詳細に調べてみたが、どこから見てもそれは一度死んだはずの小太郎だったという。

小太郎が再び死んだ後、今度はきちんと火葬にし、ペットも受け入れる霊園に埋葬した。

それから暫くして、裏山で旦那さんが死んでいるという報せが康江さんの元に飛び込んできた。旦那さんは裏山で落石に遭い、大岩の下敷きになって死んでいたという。

その場所は、最初に小太郎を埋めた墓のすぐ近くだった。

「裏山にある小太郎の墓には絶対に近付くな」

キトウの忠告を無視して、何故、旦那さんが小太郎の墓に行ったのかは不明だ。

康江さんはそれ以来、大好きだった犬を見るのも嫌になってしまったという。

泥氷

沙月さんが子供だった頃、家の前に医者の一家が住んでいた。

その家には二人の息子がいて、いずれも頭がよくて有名な私立学校に通っていた。

一人っ子だった沙月さんにとって、その兄弟は優しいお兄さん達だった。兄弟は沙月さんやその友達を、よく自宅の大きな庭に呼んで遊んでくれた。

兄弟のうち、兄の正久さんはかなりの腕白だった。次男の勝久さんは優しいが少し気の弱いところがあり、同級生達よりも年下の子達と遊ぶのを好んだ。

沙月さんが大きくなってだんだん兄弟と遊ばなくなっても、勝久さんだけは近所の幼い子を集めて遊んでいたという。

そんな光景も沙月さんが小学三、四年生になる頃には見られなくなった。

勝久さんは医大受験のため、塾だの家庭教師だのと、遊んでいる暇がなくなったのだ。

そんな勉強ずくめの日々を送る勝久さんでも、たまに会うと以前のように優しい笑顔で沙月さんに挨拶をしてくれる。

だが、明るい声とは裏腹に勝久さんの顔色は悪く、とても辛そうだった。

「お兄さんが一昨年、一発で医大に受かったから余計に重荷なんだろうね」

沙月さんの母親が、彼女にそんなことを言った。

そして沙月さんが中学に入学した頃、勝久さんは見事、医大に現役合格した。

一番喜んでいたのは、もちろん勝久さんの母親だった。

「あの子、兄と比べたらいまいち積極性に欠けていたから……嬉しいわぁ」

勝久さんの母親はそう自慢げに周りに話していた。

しかし、勝久さんは一年後、大学を休学した。

おまけに自室に引き籠もって、全く家の外に出てこなくなってしまった。

何が原因でそうなったか分からないが、沙月さんは以前見た勝久さんの顔色の悪さを思い出して、何となく〈勝久さんは医者にはなりたくなかったのではないか〉と憶測した。


中学二年生前の春休み、沙月さんは自宅前で同級生達とお喋りをしていた。

すると彼女達の足元に、カシャッ！　と軽い音とともに何かが落ちた。

驚いた沙月さんが落ちた物を見ると、それは氷のかけらだった。

「沙月、あの人」

同級生の一人が、上を指さした。

そこは医者一家の二階、勝久さんの部屋だった。

窓から髭面の薄汚い男が、沙月さん達を見下ろしている。

男は眉間に皺を寄せ、鋭い目つきで沙月さん達を睨んでいた。

「勝久兄ちゃん⁉」

沙月さんは、その男が勝久さんだと気付くのに少し時間が掛かった。

一回りは老け込んだその顔に、優しかったお兄さんの面影は殆どなかった。

勝久さんは怖い顔をしたまま、再び沙月さん達に向かって何かを投げつけた。

地面に落ちてきたのは、また氷のかけら。

その氷は少し茶色に汚れ、泥のようなものが混じっており、とても土臭い。

そして製氷機で作られたような整った形の物ではなく、どちらかというと溶けかけた大きめの雹《ひょう》のように見える。

臭い泥氷は沙月さん達に、ギリギリ当たらない場所を狙って投げたようだった。

「何あの男、キモチ悪いんだけど」

同級生の一人が、勝久さんの部屋を見ながら怒った。

それに対して、沙月さんは言葉がなかった。

以前とは変わってしまった勝久さんは、無言で窓を閉めた。

沙月さん達は、辺りに漂う土の臭いに気分が悪くなった。

その日の夜、沙月さんの母親が夕食後の洗い物をしながら、隣でその手伝いをする彼女に言った。

「隣の勝久さん、引き籠もって一年くらい経つわね。最近はそれだけじゃなくて、変なことになっているみたいよ。少し前に澤田さんの奥さんから聞いたの」

澤田とは勝久さん一家の苗字だ。

「私、今日勝久兄ちゃんを久しぶりに見た。昔と別人みたいだった。変なことって?」

沙月さんが訊き返すと、母親は自分の知っていることを喋り始めた。

勝久さんが引き籠もって約一年になるが、彼はその間一回も外出していないらしい。

家が医者ということもあり、その繋がりで最初は様々な医師やカウンセラーが勝久さんを診にきたという。

しかし、勝久さんは誰にも心を開かず、引き籠もってしまった原因も未だに不明。

その他、家族は様々な手を尽くして勝久さんを復帰させようとしたが無駄だった。

仕舞いには父親と兄に「アイツは出来損ないだ」と匙《さじ》を投げられてしまった。

勝久さんは食事も部屋で摂るが、その役割は彼を見捨てていない母親の役割だった。

「最初の頃はまだ下に降りてきて、庭でずっと座っていることなんかもあったけど……。最近はトイレとたまにシャワー浴びる以外は、部屋から出てこないの」

勝久さんの母親は溜め息を吐《つ》きながら、そう語ったという。

母親が食事を運んできたときだけ勝久さんはドアを開けてくれるが、会話はほぼない。

そのとき、部屋を覗くと中の物はきちんと整理整頓されており、ゴミが溜まると袋にまとめて母親に渡すので、引き籠もりとしてイメージされるような汚部屋ではない。

勝久さんは基本、部屋の中で一日中、インターネットやTVゲーム、そして読書をして過ごしているらしい。

そしてたまにネット通販で、本やゲームを買っている程度だ。

しかし、最近は購入する物に変化があった。

家族は通販を許す条件として、勝久さんへ届けられた物のチェックをしていた。

勝久さんは歴史物の小説やマンガが好きだったが、それが子供向けの絵本に変わった。

ゲームは海外の物がメインだったが、それも子供向けの可愛いぬいぐるみや人形、積み木や知育玩具に変わった。

買い物の変化に不安を抱いた母親が食事を運んだとき、それらについてなるべく刺激を与えないよう、やんわりと訊ねてみたが勝久さんは何も答えなかった。

父親もそれについて「馬鹿のやることは放っておけ」としか言わなかった。

ところが間もなくして、勝久さんを放っておく訳にはいかなくなった。

「お宅の息子さんが、二階から氷を投げてくる」

近所のおばさんから、そういう苦情が澤田家に入った。

日中、おばさんが澤田家の近くで他の主婦と立ち話をしていると、勝久さんが二階から汚らしい氷のかけらを、自分達に向かって投げてきたと言うのだ。

注意をしたら逆に睨まれ、再び同じように氷を何度も投げつけてきたのだという。

更におばさん以外の近所の人々もここ最近、澤田家の近くでお喋りをしたり、携帯電話で会話をしていたりすると、同じように二階から勝久さんに氷を投げつけられていたことが発覚した。

「引き籠もっているだけならまだしも、御近所様に迷惑を掛けるとは！」

今まで勝久さんを放置しておいた彼の父親も、これには激怒した。

食事のタイミングを見計らって、父親は強引に息子の部屋に入り込んだ。

だが勝久さんは特に抵抗はせず、素直に父親を部屋に通した。

父親は息子の部屋の様子が、以前とは大分違うことに気が付いた。

大好きだった歴史物の本やマンガ、そしてゲーム機などは隅に片付けられていた。

その代わり、部屋中に子供の玩具や絵本が散らかっている。

「……これは何だ？　保育士にでもなるつもりか？」

父親はぬいぐるみの一つを拾い上げて暫く眺めた後、勝久さんに問い質した。

「ただ遊んでいるだけです、あの子達と。邪魔しないで」

勝久さんは気まずそうに父親から視線を反らしながら、小さな声で答えた。

「あの子達って誰だ……？　いや、答えなくていい。部屋を片付けておけ」

父親はぬいぐるみを放ると、部屋を出てそのままドアを閉めた。

そして、不安げに様子を窺《うかが》っていた母親に言った。

「勝久を知り合いの病院に入院させよう。少し長くなるかもしれないが」

それを聞いて、母親は泣き崩れたという。


「勝久兄ちゃん、そんなことになっていたんだ……。でも本当に入院するの？」

話を聞き終えた沙月さんは、自分の母親に訊ねた。

「重い心の病気らしいからね、数日の内に連れていくらしいよ。この話は他の人には絶対に喋ってはいけないよ」

洗い物を拭き終えた母親は、沙月さんに厳命した。

「兄ちゃん、部屋で誰と遊んでいたんだろう？」

沙月さんは以前、勝久さん達と遊んでいた頃を思い出した。

「あのときは兄ちゃんも含めて皆、笑顔で楽しかったなぁ」

勝久さんの話を聞いた翌日、沙月さんは昼過ぎに学校から帰ってきた。
その日は土曜日で、授業が早く終わったからだ。
沙月さんが家に入ろうとすると、突然、後ろから聞き覚えのある声が聞こえた。
「ねえ、沙月ちゃん！」
振り向くと、そこには青い顔をした勝久さんの母親が立っていた。
「おばさん、こんにちは。何かあったのですか？」
勝久さんの母親、彼女のことを沙月さんは昔からから、お隣のおばさんと呼んでいた。
最近は挨拶をする程度だが、沙月さんは上品で優しいこのおばさんが大好きだった。
幼い頃、自分の母親が用事でいないときなどは家に招いて面倒を見てくれたし、時には
お泊まりをさせてくれたこともあったからだ。
その大好きなおばさんが、何かに怯えるように震えている。

「沙月ちゃん、悪いけど一緒にうちに来てくれない？　勝久の様子がおかしいの」

「勝久兄ちゃんがおかしい？」

そのとき、沙月さんは勝久さんが近々入院するという話を思い出した。

「ここ数日だけど、勝久の部屋から小さな子供達が騒いでるような声が聞こえてくるのよ。最初はテレビかゲームの音かと思ったけど、そのうち家の中を走ったり飛んだり跳ねたりする音まで聞こえてきたの」

おばさんは話しながらまた怖くなってきたのか、沙月さんの手を握ってきた。

「お父さんや正久に言っても信じてくれないのよ。子供達の声や音は彼らのいない昼間しか聞こえないから。それでもしつこく訴えて警察を呼ぼうとしたら、私まで病気じゃないかって言われたわ……」

おばさんは少し前に沙月さんの母親を訪ねたらしいが、生憎と留守だったらしい。

沙月さんは、涙ながらに話すおばさんの手を握り返した。

「分かったわ、お母さんはこの時間パートに行っているから私が一緒に行く」

引き籠もる勝久兄ちゃんの部屋から聞こえる子供達の声と物音なんて、正直沙月さんは怖くて嫌だったが、怯えるおばさんを放っておく訳にはいかない。

沙月さんは自分を奮い立たせておばさんの手を引きながら、隣の家に入った。

ゆったりとした玄関を上がり、少し廊下を歩くと左側に二階へ上がる階段がある。

今、この家には沙月さん達を除くと二階の勝久さんしかいない。

家の中は静まり返り、子供の声など全く聞こえてこない。

「あの階段を上がるとすぐ勝久の部屋だわ。そこから子供達の声が聞こえてくるの」

おばさんは廊下の先にある階段を指さした。

沙月さんはおばさんを玄関に待たせると、一人で階段まで近付いた。

春だというのに、廊下は心なしか冷房を効かせたように肌寒い。

更に、以前に嗅いだ覚えのある臭いが鼻を衝く。

少し前、友達と一緒にいたときに勝久兄ちゃんが二階から投げてきた泥水の臭いだ。

沙月さんは覗き込むようにして、左側の階段を見る。

そして思わず「えっ⁉」と声を上げた。

階段に、たくさんの子供達が後ろ向きに立っていたのだ。

驚いた沙月さんは一歩後退《あとずさ》ったものの、そのあまりにも不可思議な光景に恐怖よりも好奇心が勝り、子供達のいる階段をじっくりと観察してしまった。

階段の一つの段に左右一人ずつ、計二人の子供がこちらに背を向けて立っている。

それがずっと上の段まで続いており、さながら通勤ラッシュ時のエスカレーターに左右にきちんと並び、黙々と昇っていく社会人や学生のようだった。

だが、ここはエスカレーターではないので上に昇っていきはしない。

子供達はただ、無言で階段に並んで立っているだけだ。

それだけでも十分不気味であるが、沙月さんは更におかしなことに気が付いた。

「この階段、どうなっているの……？」

沙月さんの昔の記憶だと、この階段は十数段ほど上がると二階に行けるはずだった。

この家ではたくさん遊ばせてもらったから、それは感覚的に覚えている。

しかし今、目の前にある子供達の立つ階段は、沙月さんが覚えている高さのゆうに倍以上はあり、それが本物だとしたらこの家の構造自体がおかしくなっているはずだった。

「子供の声どころじゃない」

子供達は髪形や服装からして男女とも、ほぼ均等にいるようだった。

背格好からして全員、幼稚園児くらいの年齢だろう。

服装は殆どが現代的な洋服だったが、中には着物や水着、全裸の子もいたという。

一体、このたくさんの子供達はどこから来たのだろう？

「ぎゃあっ！」

沙月さんが階段や子供達の観察に夢中になっていると、いつの間にかおばさんが後ろからやってきてこの光景を見てしまった。

階段の子供達全員、ピクッと震えた。

「こっちを向く!?」

沙月さんは咄嗟に、おばさんを引きずるようにしながら玄関まで逃げた。

子供達の顔を見たら、もっと恐ろしいことが起こる気がしたからだ。

パニック状態で喚くおばさんを、沙月さんは必死で宥《なだ》めた。

「うるさいなぁ」

そんな沙月さん達の背後から、男の声が聞こえてきた。

気怠そうに二人を見下ろす無精髭の男は、勝久さんだった。

「勝久兄ちゃん!?」

久しぶりに真正面から見た勝久さんは、やはり一回り以上老け込んで見えた。

「子供達が怖がるじゃないか」

勝久さんは自分の母親が座り込んで騒いでいる姿を見ても全く心配する様子もなく、虚ろな目で呟くように言った。

「勝久、あの子供達は一体何者なの!?」

おばさんが叫ぶように自分の息子に言う。

「……大切な友達だよ」

勝久さんは少しの間だけ考えていたようだが、それだけを母親に言うと踵《きびす》を返し、ノソノソと階段を上っていってしまった。

呆然と立ち尽くす沙月さんと泣きじゃくる母親を尻目に。

暫くすると、勝久さんの父親が帰ってきた。

だが、沙月さん達が先ほど見た子供達のことを話しても、父親は、またその話か、といった顔をするだけで全く信じてくれなかった。


その数日後、勝久さんは父親らに付き添われて病院に入院した。


おばさんの話だと勝久さんはそのとき、抵抗もせずに素直に従ったという。

そしてそれ以来、澤田家で子供達の声や物音は聞こえなくなった。

ただ、勝久さんは入院後もずっと絵本や玩具の差し入れを希望していたらしい。

「友達が欲しがっているんだ」と、口癖のように。

結局、勝久さんが友達と呼ぶ子供達の正体は不明のままだった。

そして勝久さんを入院させたまま数カ月後、まるで何かから逃げるかのように澤田家は引っ越してしまった。

現在、沙月さんは大学院生だ。

沙月さんが言うには、もう一つ謎が残っていた。

「当時、おばさんが不思議がっていたのですが、勝久兄ちゃんが私達や近所の人に投げていた臭い氷、どこから持ってきたのか不明だったんです」

沙月さんは頭を捻りながら話す。

勝久さんが氷を投げた時期、おばさんは冷蔵庫の製氷機には水を入れていなかったから氷を作ることは不可能だし、息子が使った形跡も見られないと言っていた。

また勝久さんの部屋には冷蔵庫どころか、水道の蛇口もない。

更に勝久さんは父親達に監視されていたので、外に氷を買いに行くこともできない。

一体、息子はどこからあんな臭い泥氷を手に入れたのか分からない、と勝久さんが入院した後もおばさんはずっと言っていた。

「あの泥氷、私はずっと階段にいた子供達が関係していると思っていたのですが、今回その予想が当たりました」

最近、おばさんと偶然再会した沙月さんは、勝久さんのその後について話を聞く機会があった。どうやら勝久さんは、未だに父親の知り合いの病院に入院しているらしい。

事実なら、同じ病院に十年くらい入院したままということになる。

「勝久兄ちゃんは自分の病室から、今でも時々医者や看護師に投げるんだそうです。私達に投げたのと同じ臭い泥氷を」

沙月さんは、少し身体を震わせて続けた。

「子供達が怖がるじゃないか、って」

もちろん、勝久さんの病室やその周りの場所は、氷を入手できる環境ではないという。

もっと事故物件

知り合いの大学生、文雄さんから聞いた話だ。

文雄さんは去年の夏、友人の龍彦が新しく住み始めたマンションを初めて訪ねた。

暇な男二人だけで、ただひたすら飲むためだ。

龍彦の話によると、そのマンションは家賃が異様に安い分古くてやたらと汚いワンルーム。トイレはあるが風呂はなく、申し訳程度の狭いシャワールームが付いているらしい。

それでも貧乏学生の龍彦には、贅沢な塒《ねぐら》だった。

「さすがに今どき、風呂なし共同トイレはないからなぁ」

龍彦は冷蔵庫から安いビールや酒を出して、テーブルに並べながら言った。

「家賃は幾らだ？」

つまみ担当の文雄さんが、買ってきた物を同じようにテーブルに並べながら聞いた。

だが、龍彦はその質問には答えず、酒盛りは始まった。

最初こそは共通の趣味である映画や野球の話で盛り上がっていたが、そこは若い男二人のこと、自然と話題は女の話になる。

モテない二人は、虚しい妄想と願望の入り混じった猥談を語り合う。

それらの話題も尽きかけた深夜の一時過ぎ、二人は漸く寝ることにした。

信じられないことにこの部屋にはエアコンが付いていないから、窓を開けっぱなしにして熱帯夜を過ごさなくてはならない。

「ここ、本当に家賃は幾らなんだよ」

客人ということで幾らか涼しい窓際で寝ることになった文雄さんは、再び龍彦に家賃を訊ねたが、彼はそれに答えず部屋の真ん中に寝転がった。

「今度のバイト代が入ったら、前に行った激安キャバクラ行こうぜ」

龍彦はそれだけ言うと、すぐにイビキをかき始めた。

友人の態度に呆れた文雄さんも、窓際に寝転がる。

窓の外には、隣のビルの外壁が見えた。

暑苦しいが周りの騒音などが聞こえず、静かなのが救いだった。

酔っていた文雄さんも、直に眠気が襲ってきた。


たたたたたたっ！

文雄さんは、何かが走っていくような物音で目を覚ました。

腕時計を見ると、まだ夜中の三時を過ぎたばかり。

たたたたたっ！

窓の外を、小さな子供が右から左へと走っていった。

それを見た文雄さんは、残っていた酔いが一気に醒めた。

たたたたたたっ！

今度は左から右へと子供が走っていった。

ここはマンションの二階、隣のビルとの間に子供が走れるような足場はない。

これが事実なら、子供は空中を走っていることになる。

「これは、夢だよな……」

文雄さんが真相を確かめるために窓から顔を出すと、もの凄い勢いで右側から少年が走ってきて自分の頭を通り抜けていった。

「夢じゃない！」

驚いた文雄さんは、窓の前で尻餅をつきそうになった。

それをあざ笑うかのように、少年は窓の外を走って何度も往復する。

「おい、龍彦。このマンションはヤバいぞ」

文雄さんが、部屋の真ん中で寝ている龍彦のほうを見て言った。

そしてまた、度肝を抜かれた。

寝ている龍彦に、髪の長い裸の女が抱き付いていた。

女は龍彦の股間に顔を押し付けるように抱き付いている。

男だったら嬉しいシチュエーションだが、今はそういう問題ではない。

「龍彦、ここのマンションはどうなっているんだ？　その女は誰だよ！」

大声でまくし立てる文雄さんに、龍彦はうるさそうに寝返りをうった。

下半身に抱き付いた裸女も一緒に転がるが、顔は龍彦の股間に押し付けたままだ。

「うるさいなぁ、事故物件だよ、事故物件。聞いたことがあるだろ。月一万五千円だ」

龍彦は目を閉じたまま、面倒くさそうに答える。

「一万五千円って……お前はこんなヤバい所で、これから暮らしていくのか？」

たたたたたたっ！

窓の外の少年は走るのを止めず、裸女は龍彦の股間に張り付いたままだ。

「仕方がないだろ、風俗とかで遊ぶ金を浮かせるにはここしかなかったんだ」

龍彦は、やっと目を開けて答えた。

「龍彦、お前に抱き付いている女……」

「ああ、知っているよ。よく現れるけど害はない。こっちから触れないのが残念だ」

そう言って、龍彦は下品な声で笑った。

「もう尊敬してしまうな……そのスケベ魂に」

文雄さんが呆れていると、いつの間にか窓の外を走る少年も、友人の股間に顔を埋めて抱き付く裸の女も消えていた。

そして文雄さんは始発が走る時間になると、早々にマンションを出た。

龍彦は寝転がったまま「また来いよ」と呑気に言った。


それ以来、文雄さんは龍彦のマンションには行っていない。

龍彦はというと、現在も別段変わりなく過ごしている。

いや、むしろ安い家賃のおかげで遊ぶ金ができた分、あの事故物件マンションで暮らす前よりも生き生きとしているらしい。

般若

元ホスト、小河の兄貴は以前、池袋でプチボッタクリ居酒屋をやっていた。

プチボッタクリ居酒屋とは、普通の店と比べて少々高いが払えない程ではないという、微妙な価格設定の店のことだという。

違法な客引きにならない程度に、とりあえず座って飲み直したい酔っ払い客達をメインに、店に上手く誘導するのは兄貴のホスト時代の後輩達。

兄貴に見る目を鍛えられた彼らは、多少割高な料金を請求されても文句を言わずに支払う客の選別にかなり長けていた。

酒や食べ物の質は至って普通だが、兄貴の方針で店内は清潔だし接客態度は丁寧なのでクレームは殆どなかったという。

ホスト時代ほど——とまではいかないまでも、兄貴はそれなりに利益を出しながら、後輩達と楽しく店を切り盛りしていたらしい。

「まあ、これから話すけどホスト時代のツケが回ってきてさ。そのせいでこの居酒屋も閉めるハメになってしまった。一緒に付いてきてくれた後輩達もバラバラになってしまったよ。金も欲しかったけど、そちらのほうが俺にはダメージがデカいかな……」

小河の兄貴は、悔しそうに顔をしかめながら話をしてくれた。


兄貴が後輩達と居酒屋を始めて、二年近く経った頃だった。

店の経営も軌道に乗り、安定した利益も上げていた。

「これで後輩やバイト達の給料を上げてやれるな」

明け方、店を終えた後、店長室にあるパソコンの前で兄貴は嬉しそうに呟いた。

すると、コンコンッとドアをノックする音が聞こえた。

「兄貴、開けてくださいよ。お話が」

夜の街に住んでいる者の習慣として、兄貴は何時如何なるときでも自分のいる部屋に鍵を掛ける習慣が付いていた。

兄貴がドアの鍵を開けると、後輩のマコが立っていた。

マコはホスト時代に、兄貴が一番可愛がっていた後輩。

ホストとしては芽が出なかったが、真面目で仕事はそつなくこなすので、兄貴が一番信用している後輩であり、居酒屋の副店長を任せていた。

「何があった、客からクレームの電話でもあったのか？」

兄貴はマコを店長室に入れて聞いてみたが、彼はモジモジしながら聞き取れない声で、何事か呟くだけでなかなか本題に入ろうとしない。

「おい、俺もお前も、明日のために早く休まないといけないんだ。早く言えよ」

「昨日の明け方、店に大きな男が侵入してきました」

急かされたマコは、思いきったように言った。

「何だよ、大男って……」

マコの話によると営業時間が終了した昨日の明け方、彼は一人、店の入り口のレジで売り上げ計算をしていたという。

バイトや他の後輩達は皆帰っており、店内はマコ一人だけだった。

マコが立ったまま売り上げの集計に集中しているとき、視界の隅に何か大きなものが突然現れた。マコが顔を上げると、入り口に見知らぬ男が立っている。

男は坊主頭で、季節はもうすぐ冬なのにTシャツに短パンという出で立ち。

驚くのはその身長で、軽く二メートル近くありそうだが、顔はまるで小学生男子のような幼い容貌をしていたという。

エレベーターは今の時間、この店のある階に止まらないように設定してあるし、裏口にもしっかりと鍵は掛けてある。

一体、この童顔の大男はどこから店に侵入したというのか？

「あの……お客様。本日はもう閉店です」

異様な侵入者に動転したマコは、間抜けなセリフを吐いた。

そんなマコを尻目に大男はヨダレを垂らしながら、身体に半比例して豆粒みたいな小さな瞳で彼のことを見ている。

「きゃはははは！」

今度は耳を劈《つんざ》くような女の笑い声が店内に響き渡った。

マコは思わず耳を塞いだが、その笑い声に聞き覚えがあった。

そして笑い声が止むと、いつの間にか大男は消えていたという。

「マコ、お前、ちゃんと寝ているか。まさか変なクスリに手を出してないだろうな？」

マコの話を聞いた兄貴は、半ば呆れ顔で言った。

「いや、クスリはやってないし十分に健康ですよ。ジムだって通っています。あれは夢とか幻じゃありません。あのとき、大男は店内にいました」

マコは、ややムキになって反論する。

「じゃあ、店内のどこかにそんな大男が自由に侵入し、逃げることのできる隙間や穴があるのか？　あと、そんなことでお巡りさんのお世話になるのは店として嫌だなぁ～」

兄貴は椅子の背もたれに、大きく寄りかかって頭をかきながら面倒くさそうに答える。

「兄貴、俺は真面目に話しています。いろいろ突っ込みたくなるのは分かりますが」

兄貴のいい加減な態度に、マコはイラついていた。

「分かったからそんな怖い目で見るな。今晩から俺が店に泊まり込むから、お前もまた何かおかしなことがあったら教えろ。それからこのことは他の奴らに話すなよ」

マコはまだ不安げだったが、一応尊敬する兄貴の言うことなので従うしかなかった。


その日の夜から兄貴は毎日、店に泊まり込んで異常がないか確認することになった。

営業時間中は通常作業をする傍ら、小まめに店内を歩いてチェックする。

営業時間終了後、大男の現れたという入り口レジでの集計作業は必ず兄貴がやった。

店内にはセンサー式の防犯ベルを何台か設置し、兄貴が店長室で寝ている日中も不意の侵入者が現れた際に備えた。

当たり前だが、店内には大男が侵入できるような隙間も穴もなかった。

そんな日が一カ月程続いたが、店に大男は現れず、事件と言えば泥酔した客が個室内で盛大に吐きまくったことぐらいだった。

「まっ、何も起きなかったのだから、それでいいじゃないか」

店が終わった後、兄貴は店長室でお疲れのビールを飲みながらマコに言った。

「そうですね、あれは俺の勘違いか錯覚だといいのですが……」

同じくビールを手に持ちながらマコはそう答えたが、どこか腑に落ちない様子だった。


それから数日後の午後、兄貴が開店前の店に来たときだった。

開店までまだけっこう時間があるので、店に着いているのは副店長のマコだけだった。

そして、そのマコが入り口のレジ前で箒や塵《ちり》取りを持って何かを片付けている。

「よう、マコ。何をやっている？」

兄貴が覗き込むと、どうやらレジ横の壁に掛けていた絵が落ち、額縁のガラスが割れて破片が散乱してしまったようだった。

割れたガラスには、血のような真っ赤な液体がべっとりと付着している。

「少し前、店に来たらこうなっていて。俺が今日の明け方に店を出るときは何ともなかったです。その後の明け方から日中の間に誰かが侵入して額縁にぶつかって出血して、その衝撃で落ちたのかもしれません。でも鍵を掛けたのもしっかりと確認したし、防犯ベルのセンサーにも何も反応はありませんでした」

マコはしゃがんだままで、ガラスの破片を片付けながらぶっきらぼうに言う。

壁から落ちた絵は赤と白を基調とした抽象画で、金銭的価値は殆どない。

ホスト時代に兄貴がある太客から貰った物を、そのまま今の店に流用していた。

「兄貴、この絵はあの般若さんから貰った物ですよね。まさか彼女が……」

「バーカ、あのババァはもうこの世にいねえよ。くだらないこと言ってないで早く片付けておけ。それから絵のことも他のスタッフ達には言うなよ。特にこの赤い液体のことは」

兄貴はマコの頭を叩く真似をすると、ややイラつきながら店長室に向かった。

「今更、あの般若とは関係ないだろ」

兄貴は店長室に入ると、パソコンで防犯カメラの映像をチェックした。

店内に防犯カメラは数台あるが、調べるのはもちろん絵が落ちた店の入り口付近を映した映像だ。

時間帯は今日の明け方から、マコが店に来るまでの間。

兄貴がモニターを見ていると、明け方、業務を終えたマコが店を出ていった後すぐに、店の入り口に異様な人物が現れた。

薄暗い店内に現れたそいつは、坊主頭の大男の後ろ姿だった。

カメラは斜め上方の後ろから大男を映しているので、顔は分からない。

「マコの話、ウソではなかったな……」

兄貴は、モニターの中に突然現れた大男にかなり動揺した。

そして片付けを終えたマコを店長室に呼ぶと、防犯カメラに映る大男の映像を見せた。

「コイツです、一カ月前にオレの前に現れたのは！」

マコはやや興奮気味に、モニターを指さしながら言った。

「きゃははははは！」

耳を劈く甲高い笑い声とともに、モニター内にもう一人の人物が現れた。

それは髪の長い痩せた中年女性で、上は薄桃色のキャミソール、下はフリルの付いたややや派手な白のショーツしか身に着けていなかった。

「般若……」

女性を見た兄貴とマコはお互い、冷や汗をかきながらほぼ同時に呟いた。

兄貴達が般若と呼ぶ女性は、店の狭い入り口で器用にバレエのような踊りを始めた。

踊り狂う女性は、大きな目と耳まで届きそうなくらい切れ上がった口角の持ち主で、それに加勢するような厚いメイクが確かに能面の般若に酷似していた。

薄暗い店内で踊る半裸の般若は、正に悪夢そのものだった。

「何で般若がここに。まさかあいつ生きていて、兄貴のことを追ってきたのでは？」

「だから馬鹿なことを何度も言うな。あのババァは確かに死んだ」

兄貴はマコを怒鳴りつけたが、その声に力はなかった。

般若と呼ばれる女性は数年前、兄貴がまだ現役ホストだったときの太客だった。

店に来てから一目で小河の兄貴に惚れこみ、以後は本指名となった彼のために高い酒などを気前よく注文し、高級ブランド品をプレゼントしてくれた。

「あの女、顔は般若だが中身はシンデレラだ。大した儲けは期待できないな」

最初、店のオーナーは兄貴にそうボヤいていた。

シンデレラとは兄貴の店の隠語で、一見すると羽振りがよさそうだが、すぐに現金やカード枠が枯渇して、継続的に店の大きな利益にはなりにくい女性のことだそうだ。

時間（金）がなくなると、一晩で貧相な身なりに戻るシンデレラのような。

「シンデレラだろうが魔女だろうが、丁重にお相手しますすよ」

当時、店のトップを狙ってライバルとしのぎを削っていた兄貴は、この身なりだけは派手な中年の女から搾れるだけ搾ってやろうと思っていた。

そしてオーナーの予想は外れ、般若は頻繁に来店すると気前よく料金を現金で支払い、店の利益と兄貴の地位向上に貢献してくれた。

「長年、連れ添った夫が死んでね、保険金がたんまり入ったのよ。それから夫には私に隠していた資産もいろいろあって、税金を支払った後もたくさん残ったわ」

兄貴が般若に潤沢な資金源を訊ねると、般若は嬉しそうにそう答えたという。

般若には夫の死に対する悲しみのようなものは感じられず、むしろ保険金のおかげでホストに通い、第二の人生をのびのびと謳歌しているようだった。

兄貴は来店した般若に偽りの愛を囁き続け、彼女は金でそれに答えた。

般若の貢献で、兄貴はとうとう店のトップになった。

「息子が死んで完全に自由になったわ、結婚して」

兄貴がトップになった数日後、アフター中のホテル内で般若は大きめの紙袋を持ったまま決心したように彼に言った。

そして紙袋から取り出した一千万の塊を三つ、テーブルの上に音を立てておいた。

般若の目は真剣を通り越して狂気を孕《はら》んでいた。

生来、肝の据わった兄貴だったが、さすがにこれには様々な意味でビビった。

「身体だけは凄く大きいけど、一人じゃ何もできない息子だったわ。でも、やっと神様が天国に連れていってくれたの。私は、自由」

般若は全裸のまま、兄貴に再び抱き付いてきた。

「息子さん、気の毒だったね。いいぜ、結婚しよう」

兄貴は般若の願いに快諾したが、心は彼女のほうではなく、テーブル上にタワマンのように並び立つ三千万の札束を見つめていた。

その日から兄貴は般若との結婚の約束をのらりくらりと躱《かわ》しながら、相変わらず彼女から利益を吸い上げていた。

般若から入籍の催促も日増しに強くなってくる。

無論、兄貴に自分よりも二回り年上の女と結婚する気はサラサラない。

ある夜、般若は婚姻届を店に持ってきて、署名・捺印するまで帰らないと大きな金切り声で泣いて喚き、暴れたので店を強制退場させられるという騒ぎがあった。

店を追い出されるときに、般若は「訴えてやる!!」と憤怒の念を顔全面から噴き出しながら兄貴を睨みつけたという。

「そろそろ潮時だな……。アイツは出禁にしよう」

騒ぎの後、オーナーが囁くように言うと「もちろんです」と兄貴は冷たく言い放った。

「俺と般若はあくまでホストと客、結婚の約束なんてその中の演技演出に過ぎない」

その程度にしか思っていなかった兄貴に翌日、意外な知らせが入る。

般若が死んだというのだ。

店を追い出された後、タクシーにも乗らず少し離れたビルの前で般若が座ったまま死んでいるのが、明け方近くに発見されたらしい。

季節は真冬。極寒の中で泣きながら座り続けたのがいけなかったのか、明け方に発見した通行人が通報をしたとき、般若は既に息をしていなかった。

元々、長期的に不健康な生活を続けることで、般若の身体は弱り切っていた。そこに今回の件である。それが彼女の命に止《とど》めを刺してしまったようだ。

兄貴や店も警察から事情聴取を受けたが事件性はなく、事故死として処理された。

「一人のババァが勝手に死んだだけだ」

兄貴はそう嘯《うそぶ》いたが、さすがに良心の呵責《かしゃく》があったようだ。

彼はその後もホストを続けたが、明らかにトップとしての手腕も魅力も低下し、すぐに店の王者から陥落した。

その後、兄貴はホストを辞めると、マコを含め同時期に辞めた後輩を数人集めて、プチボッタクリの店を始めたという訳だ。

「この大男、死んだという般若の息子ですかね？」

モニター内で、背中を見せて立っている大男を指さした。

それと同時にガシャン‼　と音が響く。

踊っていた般若が、絵の額縁に自らダイブするようにぶつかって割ってしまったのだ。

相当な勢いでぶつかったのか、モニター越しでも般若の頭部から出血しているのがはっきりと分かった。

大男は相変わらず動かない。

般若は血に濡れた頭を振ると、急にモニター越しの兄貴達を睨みつけてきた。

あの憤怒の念をたぎらせた恐ろしい表情で。

兄貴は、そこで録画した動画を終了させた。

マコは青ざめたまま、何も喋らずに突っ立っているだけだった。

「店の準備、始めるぞ……」

兄貴が立ち上がって店長室から出ていくので、マコは慌てて後を追う。

兄貴の足元はふらつき、その背中は微かに震えていた。


その夜の兄貴は、タバコ休憩も取らず一心不乱に店で働いた。

己にまとわりつく何かを忘れようとして。

マコには、その正体が何だか分かっていた。

店が閉店し、マコ以外のスタッフが皆帰った後、兄貴はかなり憔悴《しょうすい》し一回り以上老け込んだように見えた。

「小河の兄貴、後は俺がやりますから少しは休んでください。頼みます！」

灰色の顔をして作業をする兄貴を見ていられなかったマコは、叫ぶように言った。

マコの願いに兄貴は、生気のない顔で頷いた。

店長室に入った兄貴は、鍵を閉めて簡易ベッドに寝転がろうとした。そのときパソコンのモニター上で勝手に動画が再生され始めた。

それは昨日、店が始まる前にマコと見た、大男と踊る般若が映された日時の動画だった。

兄貴は突っ立ったまま、それをぼうっと眺めていた。

マコが去った後、後ろ姿の大男が現れる、そこまでは昨日と同じだった。

しかし、踊り狂う般若は一向に現れない。

これは違う日に録画された動画か？　と兄貴が疑問に思ったとき、モニター内に昨日はいなかった新たな人物が現れた。

そいつは五十代くらいの痩せた男で、入り口の床に膝を抱えて座っていた。

紺色の立派な背広を着ているが、顔色はドス黒くて重度の病人のようだった。

痩せた男は身体を小刻みに震わせながら、怯えるように上目遣いで兄貴のことを見ている。

大男は相変わらず背を向けたまま、微動だにしない。

「俺とこいつ、どちらが死人に見えるかな……」

兄貴は痩せた男を見ながら何故か、般若が夫の保険金や遺産がたくさん手に入ったと、嬉々として話していたことを思い出した。

きゃはははははははははははっ!!

突然、店長室のドアの外から、あの耳を劈く甲高い笑い声が響いてきた。

ガチャガチャガチャガチャガチャガチャ!!

同時に凄い勢いで、何者かがドアの外からノブを何度も何度も繰り返し激しく回してくる。

パソコンのモニターには目をカッと見開き、口を大きく開けた般若の狂気に満ちた笑顔がアップで映っていた。

「悪かった、俺が悪かった。どうか、どうか許してくれ」

兄貴は床に座り込むと、手を合わせて力なくそう言った。

しかし、甲高い笑い声もドアノブを激しく回す動作も止むことはなかった。

暫くの間、店長室の床で気を失っていたようだ。

鍵を壊して侵入したマコに肩を揺り動かされて、兄貴は目を覚ました。

「兄貴、小河の兄貴、しっかりしてください！」

「マコ、すまん、店を畳もう。俺は過去にやりすぎた……」

兄貴の突然の宣言にマコは驚いた。

だが、兄貴の窶《やつ》れ切った顔を見て「分かりました」と静かに答えた。

その後、兄貴はすぐに居酒屋を廃業した。

今まで一緒に頑張ってくれた後輩やバイト達には、払える限りの退職金を渡した。

マコだけは兄貴に付いていくと言ってくれたが、「自分の尻は自分で拭く。お前にまで般若の悪影響が及ぶかもしれない」と、彼の義理堅さに感謝しながら申し出を断った。

更に居酒屋の様々な残務処理や支払い等を済ませると、兄貴の手元にホスト時代に稼いだ金は殆ど残らなかった。